25분 회의

간결하고

효과적인

회의의 힘

25분 회의

도나 맥조지 Donna McGeorge 지음

이정미 옮김

정신없이 바쁜 팀의 리더로서 직장과 삶의 균형을 이루는 것은 내게 무엇보다 중요하다! 버락 오바마, 일론 머스크, 빌 게이츠도 생산적인 회의에 대해 실질적인 조언을 남겼지만, 업무 현장에서 효과적인 솔루션을 전문적으로 제공하고 있는 도나 맥조지는 이 책에서 특별히 인상적인 방법을 제시한다. 여러 회의에서 우리가 허비하는 시간을 줄일 수 있는 현실적인 방법들 말이다. 회의 시간을 45분으로 단축하는 게 좋겠다는 생각을 하고 있었는데 아무래도 그것보다 더 줄여야겠다!

캐스 스톤Cath Stone, 적십자사 혈액관리본부 국장

책을 읽자마자 즉시 효과를 볼 수 있었다. 나는 꼭 참석해야 하는 회의에만 가게 됐으며, 회의에서 더 많은 것을 얻기 위해 이번 주에만 벌써 세 가지 변화를 시도했다.

앤마리 존슨Anne-Marie Johnson, ACA, GAICD, 전문 서비스 관리자

대부분의 간부 회의는 피할 수 없는 필요악이나 마찬가지다. 글로벌 회의든, 지역 회의든, 직접 만나는 회의든, 원격 회의든 간에 회의는 삶에서 빼놓을 수 없는 일부분이 되었다. 불행히도 우리는 회의를 통해 의사소통, 업무 조절, 업무 실행에 대한 도움을 받기보다는 소중한 시간과 에너지를 허비하는 경우가 많다! 25분 회의를 해야 하는 '이유'뿐 아니라 기존의 60분 회의에서 35분을 절약하는 '방법'을 자세히 설명해준 《25분 회의》에 갈채를 보낸다!

대럴 마혼Daryl Mahon, 포드 자동차 호주·뉴질랜드 인사팀 부사장

회의는 실무에 치명상을 입힐 수도 있는 아주 사치스러운 업무 수행 방법 중 하나다. 여러 사람을 긴 시간 동안 소집할 때는 그 시간의 가치를 극대화해야 한다. 그러나 안타깝게도 우리는 많은 경우에 그렇게 하지 못한다. 우리는 분명한 목적과 적절한 진행 계획도 제대로 마련하지 않은 채 지나치게 자주 너무 많은 사람을 긴 시간 동안 한곳에 모아둔다. 《25분 회의》에서 도나 맥조지는 회의 시간은 반으로 줄이고 그 효과는 두 배로 높이는 법을 조언해 준다. 실용적인 전략으로 가득한 이 작은 책의 설득력 있는 내용이 인상적이다. 주변의 모든 사람에게 이 책을 소개해서 당신이 몸담고 있는 조직의 회의 문화를 바꿔보자.

더못 크로울리Dermot Crowley, 《스마트 팀Smart Teams》《스마트 워크 Smart Work》 저자

책의 실용적인 조언과 도구를 즉시 적용하여 업무 방식에 변화를 줄 수 있는 경우는 드물다. 회의 때문에 시간을 낭비하고 있다면 이 책을 읽어보기 바란다. 아주 훌륭한 책이다.

게일 앤터니 Gayle Antony, **닛산 자동차 글로벌 교육개발팀 부장**

《25분 회의》는 기업과 리더가 핵심 업무에 집중하도록 돕는 중요한 역할을 했다. 1시간 동안 회의가 진행된다는 것은 그 회의의 목적이 무엇인지, 회의에서 얻고자 하는 결과가 무엇인지를 사람들이 의식하고 있지 않다는 것을 의미한다. 《25분 회의》는 적은 자원으로 더 많은 성과를 내고자 힘쓰는 업계에서 보다 생산적인 팀을 만드는 전환점이 될 것이다.

제인 앤더슨 Jane Anderson, **호주 브랜딩 전문가, 저자**

일정표에 빼곡하게 적혀 있는 회의 스케줄을 곁눈질하고 있거나 회의의 목적과 확실하게 결정된 사항이 무엇인지를 모르고 회의실을 빠져나오고 있거나 시간을 더 아끼고 싶은 상황이라면 도나 맥조지가 그에 대한 답을 제시해줄 것이다. 이 책은 우리의 삶을 바꿔줄 책이다. 회의를 더 재미있고 가치 있게 만들어줄 도구, 연습, 조언으로 가득 찬 이 보석 같은 책을 읽고 고통스러운 회의를 목적이 뚜렷한 회의로 바꿔나가자. 이 책의 가장 큰 장점은 읽는 즉시 실행에 옮길 수 있다는 것이다. 반드시 읽어야 할 책이다.

제닌 가너Janine Garner, 네트워킹·협업·리더십 전문가, 《당신이 아는 바로 그 사람It's Who You Know》 저자

들어가며

회의는 지긋지긋하다. 모두가 공감하는 사실이다. 회의 때문에 우리는 자주 고통 받으며, 심지어 직장 생활에 대한 의욕을 잃기도 한다. 우리 중 대다수는 시간에 쫓겨 스트레스를 받으며, 일이 너무 많아 어쩔 줄 모르고, 회의에 떠밀려 죽기 일보 직전이다. 우리의 일정표는 딱히 중요하지도 않고 지루하기만 한 회의들로 가득하고 이메일 함에는 이런저런 성가신 메시지들이 넘쳐난다. 우리가 숨을 좀 돌리고 '진짜 일'을 제대로 파악하려고 하면 그때마다 컴퓨터에서 5분 후에 무의미한 회의가 시작된다는 알람이 울린다.

작년에 나는 페이스북에 다음과 같은 글을 올렸다.

회의는 업무 방식 중 하나지만 늘 효과적인 역할을 하는 건 아니다. 사실 대부분의 사람이 회의를 별로 달가워하지 않는다……. 현재 나는 새 책에 실을 자료를 조사하고 있다. 여러분이 업무 회의에서 가장 싫어하는 것 한 가지를 꼽는다면 무엇일지 알고 싶다.

회의 불만 사항 BEST 10

사람들이 생각하는 회의의 열 가지 문제점은 다음과 같다.

- 회의 준비를 위한 회의가 있고 또 그 회의를 검토하기 위한 회의가 있다는 것(가사도우미가 방문하기 전에 집을 청소해야 하는 상황과 비슷함)
- 회의의 목적이 불분명한 것
- 제대로 회의를 준비할 시간을 주지 않고 촉박하게 보내오는 회의 의제, 언제 다시 바뀔지 모르는 회의 의제
- 지각하는 사람들, 사전 준비 없이 회의에 참석하는 사람들, 쓸데없이 회의에 참석하는 사람들, 회의에 아예 나타나지 않는 사람들
- 모두 기다리고 있는데 뒤늦게 나타나는 팀장들
- 회의에 집중하지 않고 핸드폰만 바라보는 사람들
- 팀원 중 두 사람이 따로 협의해야 할 사항을 팀 회의에서 논의하며 회의를 멋대로 장악하는 행위
- 더 중요한 일이 있다며 중간에 자리를 떠나는 사람들(심지어 그들 중 대부분은 상습적으로 자리를 떠나는 경향이 있음)
- 회의 외에는 아무것도 할 수 없는 일정, 잦은 회의 때문에 필수가 된 야근

- 방향이 명확하지 않은 회의(예를 들어, 앞으로 어떤 업무를 진행해야 할지 모호한 회의)

이게 다가 아니었다. 게시물을 읽은 사람이 늘어날수록 더 큰 불만들이 쏟아져 나왔다.

우리는 이제 이러한 회의 문화에서 벗어나야 한다. 이 책을 통해 회의 때문에 이토록 고통 받을 필요는 없다고 말하고 싶다. 형편없는 회의를 개선할 방법은 분명히 있으며, 그 방법은 당신이 생각하는 것보다 훨씬 더 간단하다.

우리는 회의를 해야 한다. 업무상 회의는 필요하며, 효율적인 회의에는 시간과 에너지를 들일 가치가 있다. 회의에서 명확한 업무 수행 계획을 세우고 결정을 내리면 업무 전체가 순조롭게 진행된다.

그러나 우리의 시간, 돈, 자원을 낭비하는 회의는 할 필요가 없다. 우리가 필요로 하는 회의는 바로 **25분 회의**다. 즉 짧고 분명하며 생산적인 회의, 업무를 효율적으로 처리하기 위한 회의다. 우리는 더 적은 시간을 들여 더 많은 가치를 창출할 수 있다.

잠시 일정표를 한번 살펴보자. 60분 이상 진행되는 회의가 한 달에 몇 개나 있을까? 25분 회의를 하면 업무를 제때 처리할 수 있는 귀한 시간을 확보하게 된다. 혹은 사색할 수 있는 시간적 여유라도 생길 것이다!

　나는 회의하는 데 시간을 보내느라 하루 일정이 꼬인 이들의 이야기를 귀가 아프게 들어왔다. 그들은 가족들이나 친구들과 함께 저녁 시간을 보내지 못하고, 여가를 즐기지도 못하며, 추가 근무 시간에 낮에 미처 확인하지 못한 이메일을 처리한다고 한다. 당신의 주위에도 이러한 이들이 있을 수 있다. 만약 당신이 25분 회의를 제대로 실행한다면, 당신의 팀원들과 동료들은 25분 회의 덕분에 시간을 절약하게 된 걸 고마워할 것이다. 회사 또한 당신의 능력을 높이 살 것이다.

　더 구체적으로 계산해보자. 글로벌 기업 정보 플랫폼인 글래스도어Glass Door에 따르면, 일반적인 대기업에는 팀장급 직원 75명 정도가 근무하고 있으며, 그들은 근무 시간의 35%에서 50%를 회의에 할애한다고 한다. 글래스도어 데이터에 의하면 팀장급 직원의 평균 연봉은 11만 달러고 평균 시급은 55달러다.

　그들이 주 40시간 근무 체제로 일한다고 가정해보자(당신은 '꿈같은 소리다!'라고 생각하겠지만 우선 내 이야기를 끝까지 들어봐라). 팀장 7명이 회의를 하며 보내는 시간이 주당 약 15시간(혹은 하루 3시간)이라고 치면, 다음과 같은 비용이 발생하게 된다.

팀장 7명 × 시간당 55달러 × 주당 15시간
= 주당 5,775달러

다시 말하지만, 일주일 만에 발생하는 비용이다. 주당 약 5,775달러를 절약할 수 있다니! 놀랍지 않은가? 이 비용이 1년 동안 쌓였을 때 손해가 얼마나 심각할지 상상해보라. 심지어 이 계산법에서는 그 어떤 기회비용도 고려하지 않았다!

실제로 2014년 베인앤드컴퍼니Bain&Company에서 대기업을 대상으로 조사한 결과, 주 1회 열리는 중역 회의에 연간 1,500만 달러가 드는 것으로 밝혀졌다!《하버드 비즈니스 리뷰Harvard Business Review》에서 회의 기회비용을 정확히 산출하는 회의 비용 계산기 앱을 개발할 정도로 회의 운영에 드는 자금은 큰 문제로 인식된다.

우리는 시간과 비용을 절약하기 위해 25분 회의를 실행해야 한다. 당신은 '25분이라니, 진심으로 하는 소리인가? 그게 가능할 거라고 믿다니' 하고 실소할지도 모른다. 그러나 이 책에서 나는 25분 회의의 가능성과 타당성을 설명하고자 한다.

회의의 혁명에 첫발을 내딛어보자. 회의 방식을 새롭게 바꿀 준비가 되었는가?

잘못된 회의

다음 체크리스트를 들고 회의에 참석해서 해당되는 사항이 몇 개나 있는지 확인해보자.

잘못된 회의 체크리스트

☐ 만날 필요가 없었다: 여러 사람이 모이지 않아도 될 일이었다.

☐ 참석자 대부분이 회의 준비를 못한 채 다른 회의에서 곧바로 넘어와 회의에 참석한 상태였다.

☐ 회의 참석자들이 지각을 했으며, 그들에게 일일이 전화를 돌려서 참석 여부를 확인해야 했다.

☐ 회의 안건이 명확하지 않았다.

☐ 회의 장비가 제대로 작동하지 않았다.

☐ 사람들이 회의 중에 핸드폰, 컴퓨터 등의 전자 기기로 이메일과 메시지를 확인하고 통화를 하여 주의가 산만했다.

☐ 회의 참석자들이 직접 결정을 내리거나 안건을 제대로 의논할 수 없었다. 제3자의 확인이나 검토가 필요한 일이었다.

☐ 회의가 주제를 벗어나 엉뚱한 방향으로 진행되는 동안 회의 시간이 다 되어 추가 회의 일정을 잡아야 했다.

☐ 회의 진행자는 회의 내용이 담긴 슬라이드를 줄줄 읊었고,

참석자 전원이 멍하니 듣고만 있었다.

☐ 내가 왜 이 회의에 참석했을까 하는 생각이 들었다.

3개 이상에 해당하는 회의를 하고 있다면, 바로잡기 위한 조치를 즉시 취해야 한다.

이 책은 내가 워크숍, 기업 프로그램, 실습 수업에서 진행하는 교육 내용을 그대로 담고 있다. 이 내용은 실용적인 데다 이해하기도 쉬우므로 기존의 회의 방식을 현실적이고 간단하게 개선하는 데 도움이 될 것이다. 이 책은 들고 다니기 어려울 정도로 두툼하지도 않으며, 침대맡의 커피잔 받침으로 쓰라고 만든 책도 아니다.

이 책에는 간단명료한 조언, 실제 사례, 다양하고 현실적인 충고, 당신이 어떤 회의를 하고 있고 어떻게 개선할 수 있는지 알아보기 위한 질문, 잘못된 회의 습관을 바꿀 수 있도록 도와줄 실천 방법 등이 담겨 있다. 이 책을 제대로 활용하기 위해서는 간단하고 실현 가능한 계획을 꾸준히 실행하는 게 좋다. 작은 것부터 시작해서 더 큰 개념으로 나아가도록 하자. 책을 읽고 당신의 마음에 와닿는 한두 가지 방법을 택해 바로 실행에 옮겨보자(잘못된 회의 습관을 바꾸는 게 얼마나 간단한지 알게 되면 내게 고마워할 것이다).

이 책의 1부에서는 25분 회의를 실행하기로 마음먹는 과정,

25분 회의가 중요하고 효과적인 이유 등을 다룬다. 1부의 내용이 25분 회의를 성공으로 이끄는 데 필요한 사고방식을 당신에게 심어줄 것이다. 2부에서는 25분 회의를 준비하는 방법, 한 번에 다 같이 모이는 방법, 참석자 전원이 회의에 적극적으로 참여하고 발언할 수 있도록 돕는 방법을 소개한다. 생산적이고 효과적인 회의를 위한 유익한 기술을 소개하는 2부는 이 책의 핵심이라고 할 수 있겠다. 2부에서 펼쳐질 다양한 조언을 통해 25분 회의를 성공적으로 실행하게 될 것이다. 3부에서는 당신이 25분 회의를 순조롭게 실행하고, 참여하는 모든 회의의 가치를 극대화하고, 자신의 전반적인 역량을 강화하는 등 한 단계 더 나아가는 데 도움이 될 만한 내용을 다룬다.

또한 www.the25minutemeeting.com를 찾아오면, 당신과 당신의 팀이 생산적인 회의를 지속적으로 순조롭게 진행하는 데 도움이 될 이야기, 아이디어, 여러 도구 등을 공유할 수 있으며, 25분 회의를 실행하고 있는 다른 사람들과 교류도 할 수 있다.

이 책 곳곳에서 내 유머를 확인해보라. 일은 즐거워야지 따분해서는 안 된다. 동료들과의 회의도 재미가 있어야지 정신이 멍해질 정도로 지루해서는 안 된다. 독서 또한 고통스러워서는 안 된다고 나는 생각한다! 그러니 읽고 실행하고 점검하며 회의를 제대로 즐겨보자!

목차

THE
25
MINUTE
MEETING

PART 1

왜
25분인가

'이번 회의 정말 기대된다'는 말이 절로 나오는 삶을 떠올려 보라. 안다. 지금 당장은 도무지 상상이 되지 않아서 피식 웃음이 나올지도 모른다. 하지만 당신은 곧 활짝 웃게 될 것이다. 25분 회의법이 회의에 쏟아붓는 시간은 반으로 줄여주고 회의 효과는 두 배로 늘려줄 것이니 말이다.

우선 현재 당신의 회의 방식이 비효율적인 이유와 잘못된 회의를 벗어나려면 무엇을 바꿔야 하는지를 파악해야 한다. 이 첫 단계를 완수해야 당신은 원격 조종 모드에서 벗어날 수 있으며, 괴롭기만 했던 회의를 목적이 분명한 회의로 개선할 수 있다.

곧 알게 되겠지만 25분이라는 시간은 하늘에서 뚝 떨어진 수가 아니다. 25라는 숫자에는 예술적이고도 과학적인 요소가 녹아 있다.

25분 회의로 향하기 위해 1부에서는 먼저 회의에 대한 잘못된 사고방식과 편견들을 바로잡아 보겠다.

1

회의는 괴롭다

가장 최근에 당신이 참석했거나 주관했던 회의를 떠올려보자.

목적이 분명하고 유용한 회의였다고 말할 수 있는가?

회의를 마치고 나설 때 상쾌한 기분이 들었는가?

시간을 잘 활용한 회의였다고 생각하는가?

만약 위의 질문들에 '그렇다'고 답할 수 있다면, 업무에 도움이 되는 회의를 경험하고 있는 10%에 속하는 셈이다. 그런데, 잠깐! 그렇게 대답한 당신이 흡족한 미소를 지으며 이 책을 덮어버리기 전에 한 가지만 물어보자. 그럼 처음에 이 책을 집어 든 이유는 무엇인가?

당신이 이 책을 펼친 건, 현재의 회의에 만족하지 못하고 있다는 의미인지도 모른다. 소모적인 회의 때문에 괴롭다고 응답한 사람이 무려 90%나 된다고 한다. 소프트웨어 회사인 클라리즌 Clarizen의 설문조사 결과에 따르면, 많은 사람이 업무 회의에 참석하느니 차라리 끔찍한 차량 관리국DMV을 다녀오거나 페인트가 마르는 모습을 따분하게 지켜보겠다고 응답했다. 심지어 응답자 중 8%는 회의에 참석하느니 차라리 신경 치료를 받겠다고 답했다!

회의 현황

한 글로벌 기업의 최고 책임자가 '이 조직에서는 회의에서 회의로 옮겨 다니며 업무 경력을 쌓게 되는데, 사실 제대로 하는 일이라고는 아무것도 없죠'라며 비아냥거리는 걸 들은 적이 있다.

직원의 업무 실적(혹은 과실)은 보통 핵심 성과 지표인 KPIkey performance indicators에 따라 평가된다. KPI 항목에 '따분하고 비효율적인 회의 참석'이 있지는 않다. 그러나 KPI를 달성하다 보면 수많은 회의에 당연히 참석하게 될 거라고 사람들은 무의식적으로 생각한다. 일 처리를 하는 동시에 형편없는 회의까지 참석해야 하는 이런 업무 조건은 직원들의 업무 성과를 떨어뜨리고 의욕을 꺾어버린다. 여러 자료에 의하면 적게는 25%에서 많게는 67%의 응답자가 회의는 시간 낭비라고 답했다고 한다.

미국 하버드대학교에서 다양한 산업 분야에 근무하는 고위 간부 182명을 대상으로 실시한 설문 조사에서는 다음과 같은 결과가 나왔다.

- 회의가 업무를 완수하는 데 방해가 된다는 응답이 65%
- 회의가 비생산적이고 비효율적이라는 응답이 71%
- 회의 때문에 시간적 여유가 없다는 응답이 64%
- 회의 때문에 팀원들끼리 더 가까워질 기회를 놓친다는 응답이 62%

우리는 마음이 콩밭에 가 있는 상태로 회의실에 앉아 있다.

**전체 회의 중 겨우 33%만이
업무에 도움이 되는 회의다**

현재 어떤 회의를 하고 있는가

우리가 어떤 유형의 회의에 참석하고 있는지 간단히 살펴보자.

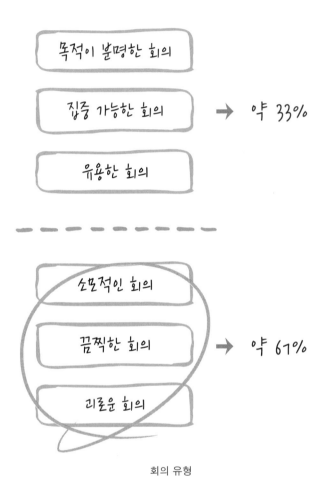

회의 유형

1. 괴로운 회의

"그런 회의에 왜 참석해야 하는지 모르겠다."

업무에 전혀 도움이 되지 않는다. 불분명한 회의 목적, 미흡한 진행 등으로 회의가 제대로 굴러가지 않는다. 또한 회의 내용이 실제 업무와 큰 관련이 없어서 굳이 내가 그 자리에 있을 이유가 없다고 본다.

2. 끔찍한 회의

"의무감 때문에 참석할 뿐이다."

회의가 일을 처리하는 데 방해가 되어 오히려 역효과를 낳는다. 회의에 참석하느라 시간과 에너지를 쏟아붓고도 딱히 얻는 게 없다. 그래도 회의에 참석해야 한다는 의무감을 느낀다.

3. 소모적인 회의

"시간 낭비라고 생각하며 회의에 참석한다."

회의가 사람들의 시간과 노력, 조직의 자원 등을 제멋대로 낭비하고 있다. 핑계를 대서라도 이런 소모적인 회의는 피하고 싶다.

4. 유용한 회의

"회의가 딱히 좋은 건 아니지만 참석하는 데 불만은 없다."

시간을 할애해서 회의에 참석하면 가끔 얻는 게 있기도 하다. 그래도 회의 내용의 절반 정도는 업무에 도움이 되는 듯하다.

5. 집중 가능한 회의

"웬만하면 회의에 참석하고 협조하려고 한다. 회의 시간 대부분을 잘 활용하는 편이다."

회의 주제와 회의 참석자들의 의견에 집중하게 되며, 회의 결과도 대부분 좋다. 효과적인 회의 결과에 자주 만족감을 느낀다.

6. 목적이 분명한 회의

"회의가 끝나면 상쾌한 기분으로 회의실을 나선다!"

회의 참석자 모두가 회의에 활력을 불어넣으며 원활하게 의견을 주고받는다. 불꽃 튀는 의견이 오가기도 한다. 협업을 통해 시간을 투자한 만큼, 혹은 그 이상의 가치를 얻게 된다. 조금 과장해서 말하면, 종종 회의가 재밌게 느껴지기도 한다.

당신은 어떤 유형의 회의에 참석하고 싶은가? 사실 말 안 해도 안다! 나 역시 마찬가지다.

다음 장으로 넘어가기 전에 현재 당신이 어떤 회의를 하고 있는지, 효율적인 회의를 하려면 무엇을 바꿔야 하는지 확인해보자.

적용 사례: 경고 카드 활용하기

우리는 왜 회의를 따분하다고 여기며 그게 당연하다고 생각할까? 한 고객은 내게 '원래 그래요. 그게 바로 우리 일의 본모습이에요. 일이라는 건 다 따분하죠'라고 말했다. 그래서 나는 그에게 회의를 더 재미있게 느낄 방법을 고민해보라고 조언했다.

축구광인 그는 자신이 진행하던 회의에 옐로카드와 레드카드 제도를 도입했다. 그는 팀원 모두에게 두 카드를 나눠주고 언제든 그 카드로 신호를 보낼 수 있도록 규칙을 세웠다. 옐로카드는 '이 안건은 충분히 논의했으니 다음 안건으로 넘어가자'는 신호였고, 레드카드는 '회의가 방향을 잃어서 정리가 안 된다'는 의미였다.

전에는 회의가 순조롭게 진행되지 않으면, 팀원 대부분이 한숨을 내쉬고 회의를 포기하거나, 한쪽에서 몇몇이 따로 논의를 하곤 했다. 그러나 이제는 경고 카드를 통해 무례하거나 대립적이지 않은 방식으로 팀원 모두에게 의견을 전달할 수 있게 됐다. 카드 제도를 도입하고 네 번째 회의가 열릴 때쯤에는 팀원 모두가 경고 카드를 자연스럽게 사용하고 있었다.

축구 경기에서나 볼 수 있는 경고 카드를 도입하자 회의 분위기는 한층 더 유쾌해졌고, 더불어 회의 시간은 짧고 즐거워졌다.

모두 즐겁게 집중할 수 있는 생산적이고 목적이 분명한 회의가 된 것이다.

회의를 즐겨라

목적이 분명한 회의라고 해서 회의 분위기까지 꼭 진지하고 따분할 필요는 없다. 즐거운 회의를 위한 나만의 방법을 연구해보자.

'회의 평가 점수표'를 그려서 앞으로 1~2주 동안 참석하게 될 회의에 점수를 매겨보자. 다음과 같이 점수를 매기면 된다.

- 회의가 괴롭다면 1점
- 회의가 소모적이라면 2점
- 회의가 유용하다면 3점
- 회의에 집중할 수 있다면 4점
- 회의의 목적이 분명하다면 5점

회의 평가 점수표

회의 정보 (회의 명칭, 회의 참석자, 회의 날짜 등)	회의 평가 점수(5점 만점) 및 평가 이유
예: WIP 회의, 마케팅팀, 5월 3일	예: 1점, 의제가 나오는 상관없는 프로젝트에 관한 것이었다.

서문에 실린 잘못된 회의 체크리스트를 다시 한번 살펴보자. 당신은 그 체크리스트에 있는 잘못된 회의 유형을 얼마나 자주 겪고 있는가? 잘못된 회의 유형이 당신이 매긴 회의 점수에 어떤 영향을 미쳤는가?

25분 회의를 시도한 후, 다시 당신의 회의에 점수를 매겨 점수가 얼마나 높아졌는지 확인해보자.

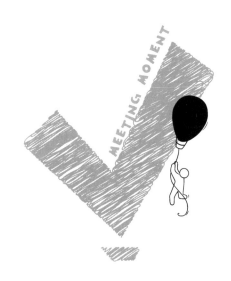

회의를 어떻게 개선하면 좋을지 생각해보자

» 각 회의 유형(괴로운 회의, 소모적인 회의, 유용한 회의, 집중 가능
한 회의, 목적이 분명한 회의)에 자신이 얼마나 많은 시간을 쓰
고 있는지 살펴본다.

» 각 회의에 할애하고 있는 시간을 얼마나, 어떻게 조절할 수 있
을지 고민해본다.

» 목적이 뚜렷하고 즐거운 회의를 진행하기 위해 지금 당장 무
엇을 바꿀 수 있는지 생각해본다.

2

25분 회의는
생각보다 쉽다

당신은 이미 자신도 모르는 사이에 25분 회의를 추구하고 있다. 단지 그 회의를 25분 만에 끝내지 못할 뿐이다. 당신이 참석하는 회의에는 군더더기가 많이 붙는다. 즉, 25분 회의가 60분으로 늘어나며 엄청난 시간을 허비하게 되는 것이다.

문제는 당신이 늘 그래온 것처럼 별생각 없이
회의에 참석하고 있다는 데 있다

팀이나 조직 내의 회의 문화는 다양한 요인에 의해 형성된다. 대부분의 사람들처럼 어쩌면 당신도 조직 내에서의 협력, 공동 작업, 의사소통이 반드시 회의의 형태로 이루어져야 한다고 생각할지도 모른다. 당신은 마치 회사 내규라도 따르는 것처럼 길고 긴 60분짜리 회의에서 또 다른 60분짜리 회의로 옮겨 다니며 일한다.

회의를 이끌 때도 당신은 이러한 방식을 용인하고 심지어는 주도한다. 지금껏 당신이 따라온 방식이 곧 당신이 생각하는 정석이라는 말이 있다. 그러니 이제는 달라지자! 회의에 대한 당신의 기본적인 태도가 여러 사람의 시간을 갉아먹고, 생산성을 떨어뜨리고 있다. 당신은 크게 애쓰지 않고도 25분 회의를 해낼 수 있으며, 신속한 회의를 하는 와중에도 지적 능력을 충분히 발휘할 수 있다. 정말이다!

회의 시간을 25분으로 줄이는 방법

전형적인 회의 시나리오를 먼저 살펴보자.

당신은 회의 시간에 맞춰서 회의 장소로 향한다. 그러나 다른 사람들은 제때 나타나지 않는 경우가 종종 있다. 어쩌면 그들은 (가끔은 당신마저) 다른 동료들이 회의에 참석하지 못한다는 소식과 함께 10분에서 15분 정도 늦게 등장한다.

회의는 모두가 의아해하는 의제나 참석자들이 논쟁을 벌일 만한 의제로 시작된다. 사람들은 첫 번째 항목에 대해 15분간 의견을 나누고 활발하게 생각을 주고받지만 앞으로 논의해야 할 항목이 세 가지나 더 남아 있다. 곧 두어 명이 자리에서 일어나 이미 조금 늦은 다음 회의에 참석하려면 지금 자리를 떠야 한다고 말한다. 조급해진 사람들은 남은 항목을 속전속결로 해치운다. 회의 진행 과정 중 생산적인 시간은 기껏해야 마지막 25분뿐이다.

이러한 잘못된 회의 습관으로 우리가 시간을 얼마나 허비하고 있는지 확인해보자.

- 회의 장비 준비하기: 5분
- 회의에 지각하는 사람들 기다리기: (최소) 5분
- 회의 의제 이해하기: 5분
- 미적거리다가 삼천포로 빠지기: (최소) 5분
- 핸드폰이나 컴퓨터 들여다보기: 5분

이 같은 잘못된 회의 습관을 없애면 25분을 절약할 수 있다. 좀 관대하게 매겨서 5분이지, 우리는 흔히 항목마다 5분 이상씩을 허비하곤 한다.

직접 한번 확인해보자. 다음 회의에서 생산적인 시간은 몇 분이나 되는지 기록해보라. 전체 회의 과정 중 언제 의제와 관련된 정보를 공유하는지, 또 언제 의사 결정이 이뤄지는지 각각의 시간을 기록하고 계산해보자. 25분 만에 그 모든 것을 할 수 있다면 당신은 훌륭한 회의에 참석하고 있는 운이 좋은 사람이다.

크고 작은 조직에서 반복되는 그릇된 회의 문화를 목격해온 내 경험에 비추어 볼 때, 25분 만에 제대로 된 회의를 할 수 있다는 건 행운이다. 지금 이 책을 쓰고 있는 동안에도 여기저기서 잘못된 회의가 진행되고 있을 것이다.

천재 조각가 미켈란젤로는 다비드상이 이미 대리석 덩어리 안에 존재하고 있었고, 자신은 불필요한 부분을 제거했을 뿐이라는 유명한 말을 남겼다. 그는 '나는 대리석 안에 있는 천사를 보았고, 그가 밖으로 나올 때까지 돌을 깎아냈다'고 말했다.

유용하고 목적이 분명한 25분 회의는 이미 당신의 회의 안에 존재한다. 당신은 그저 '다비드가 아닌 부분'을 깎아내기만 하면 된다.

지각한 사람을 기다리는 일, 뒤늦게 의제를 이해하는 일,
우물쭈물 미적거리는 일, 전자 기기를 들여다보는 일,
시간을 허비하는 일을 경계하면
25분 회의를 시작할 수 있다

모드 변환하기

자동 조종 모드일 때 우리는 회의에서 문제가 발생하면 무조건 외부 요인을 탓한다. 조직 문화, 일정 관리, 시간, 업무 특성, 프로젝트 등 여러 요소에서 변명거리를 찾는 것이다. 우리는 '만약 회사가 ~한다면' 혹은 '그건 경영진의 잘못이지. 왜냐하면~' 식의 말을 습관처럼 한다.

히어로 모드로 바뀌면 우리는 스스로 문제를 떠맡아 돌파구를 찾기 위해 노력할 것이다. 또한 우리가 통제할 수 없는 문제를 우려하는 걸 멈추고 통제할 수 있는 부분에 집중할 것이다. 이처럼 히어로 모드는 25분 회의에 적합한 형태를 갖추고 있다. 당신에게도 이러한 모습이 필요하다.

자동 조정 모드(기본 60분 회의)일 때, 당신의 회의는 다음과 같은 회의가 될 것이다.

- 의제가 명확하지 않은 회의
- 참석자들이 마지못해 참석하는 회의
- 참석자들이 집중하지 못하는 지루한 회의
- 생산성을 떨어뜨리는 회의
- 사기와 의욕을 떨어뜨리는 회의
- 시간을 축내는 회의

히어로 모드(25분 회의)일 때, 당신의 회의는 다음과 같은 회의가 될 것이다.

- 의제가 명확한 회의
- 참여도가 높은 회의
- 참석자들의 집중도가 높은 회의
- 생산성을 높이는 회의
- 성취감과 목적의식을 높이는 회의
- 시간을 절약할 수 있는 회의

25분 회의를 활용하면 당신은 하루아침에 자동 조종 모드에서 히어로 모드로 변신할 수 있을 것이다.

적용 사례: 회의에 대한 사고방식 바꾸기

내 고객인 수는 앞으로 회의 참석자나 의제와 상관없이 회의 시간을 무조건 30분으로 제한하기로 했다. 25분 동안 생산적인 회의를 하고, 나머지 5분은 동료들이 다음 일정으로 이동할 때 사용하면 되겠다고 수는 생각했다.

처음에는 수의 결정에 반발이 일기도 했다. 사람들이 '30분으로 충분할까요?' 하고 물으면, 수는 '제시간에 마치지 못하면, 제가 커피를 쏠게요'라고 답했다.

회의는 정말로 25분 만에 끝났다. 많은 동료들이 놀라워했고 기뻐했다. 일부는 회의가 길어질 경우를 대비해서 실은 일정표에 회의 시간을 1시간으로 잡아두었다고 고백하기도 했다.

그 이후에도 수가 커피값을 낼 일은 없었다.

회의에 변화를 주자

자동 조종 모드에서 벗어나 낭비하고 있는 시간을 능동적으로 줄여나가자.

실천! 25분 회의

당신은 어떤 모드로 회의에 임하는가? 다음 체크리스트로 확인해보자.

자동 조종 모드 vs 히어로 모드 체크리스트

자동 조종 모드 (기본 60분 회의)	히어로 모드 (25분 회의)
☐ 명확한 의제가 없다.	☐ 회의 의제가 명확하다.
☐ 회의에 전혀 참여하지 않는다.	☐ 회의에 완전히 몰입하여 적극적으로 참여한다.
☐ 쓸데없는 말을 늘어놓는다. 혹은 다른 사람들이 쓸데없는 말을 늘어놓도록 내버려 둔다.	☐ 회의 의제와 관련된 말에 집중하며 적절한 순간에 발언한다.
☐ 마음이 딴 데 가 있으며 회의가 따분하다.	☐ 주의를 딴 데 돌리지 않고 회의에 집중한다.
☐ 준비된 안건을 논의할 시간이 부족하다.	☐ 논의해야 할 안건을 제시간에 모두 끝낸다.
☐ 회의를 마치고 나면 진이 빠지고 의욕이 사라진다.	☐ 팀원 전체가 성취감과 목적의식을 안고 회의실을 나선다.
☐ 시간을 낭비한 기분이 든다.	☐ 시간을 잘 활용한다.

팀원들도 자신을 평가해보고 싶을 수 있다. 이 체크리스트가 25분 회의를 그들에게 소개하는 가볍고 재미있는 방법이 될 수 있다고 생각한다. 어떤가? 팀원들과 공유해보지 않겠는가?

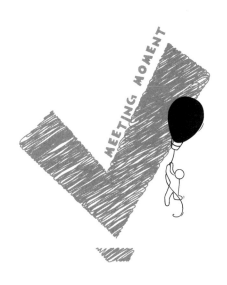

스스로를 파악하라

» 현재 자신이 회의에서 어떤 태도를 취하고 있는지 살펴보자.
당신은 자동 조종 모드로 회의에 임하는가, 아니면 히어로 모
드를 택하고 있는가? (솔직해지자.)

» 참석하고 있는 회의 중, 25분이면 충분한 내용을 60분에 걸
쳐 논의하고 있는 회의가 몇 개나 되는지 계산해보자.

» 회의의 효율성을 높이기 위해 버려야 할 잘못된 회의 습관이
있는지 곰곰이 생각해보자.

3

회의는 25분일 때
가장 효율적이다

당신이 무슨 생각을 하고 있을지 잘 안다. 25분이라는 시간이 꽤 구체적이라는 생각이 들 것이다. 어째서 40분도, 20분도 아닌 25분 회의가 효과적이라는 걸까? 간단히 말하자면, 25분이라는 시간은 무언가를 활기차게 수행하기에 가장 알맞은 시간이다.

빠르고 효과적인 업무 진행은 시간과 에너지를 절약해 준다는 점에서 주목받아왔다. 사람들은 이러한 일 처리를 추구해왔고 서로에게 권해왔다. 아마 당신도 선배, 멘토, 개인 트레이너 등 여러 사람에게 이와 유사한 조언을 들어왔을 것이며, 앞으로도 들을 것이다.

긴 시간 동안 일을 붙잡고 있는 것보다 정해진 시간에 일을 마치고 휴식을 취하는 게 장기적인 업무 능률에도 도움이 된다. 당신은 수없이 많은 일과 일 사이에 휴식을 취한다. 그러한 방식으로 야근할 힘을 비축하고 유지하며, 몸을 다치거나 정신적 피로가 쌓이거나 폭식하지 않도록 주의를 기울인다.

회의의 생산성

1911년, 최초의 경영 컨설턴트 중 한 명으로 널리 알려진 프레더릭 테일러Frederick Taylor가 생산성, 노력, 휴식 간의 연관성을 밝혀냈다. 그는 25분 동안 집중적인 활동을 하고 난 뒤 35분 동안 휴식을 취한 사람들이 생산성을 600%까지 높인 사실을 발견해냈다. (놀라운 일이다!)

회의를 마치고 35분 동안 낮잠을 자라는 이야기가 아니다. 여기서 말하고자 하는 핵심은 25분 동안 집중력을 유지하는 우리의 능력이다.

프란체스코 시실로Francesco Cirillo의 《뽀모도로 기법The Pomodoro Technique》은 25분간 집중해서 일한 다음 5분간 휴식을 취하는 시간 관리법을 다룬 책이다. 25분이라는 시간은 저자가 임의로 정한 시간이 아니다. 작업 간격이 30분을 넘지 않는 선에서 다양한 시도와 실험을 통해 산정한 시간이다. (나 또한 뽀모도로 기법을 사용하여 이 책을 썼다!)

또 소셜 네트워킹 회사인 드라우기엠 그룹Draugiem Group이

2016년 산출한 연구 결과에 따르면, 가장 생산성이 높은 직원들은 근무 시간 내내 일을 하기보다는 평균 52분마다 17분씩 쉬는 시간을 가졌다고 한다.

연구 결과에서 얻을 수 있는 교훈은 간단하다.

긴 회의보다는 효과적인 회의가 필요하다

파킨슨의 법칙Parkinson's Law은 '업무를 완수하는 데 주어진 시간만큼 업무는 늘어지기 마련이다'라고 말한다. 간단히 말해서 직원들에게 업무 마감 시간이 정해지면 그들은 그 시간이 길든 짧든 주어진 대로 시간을 소비한다는 것이다. 한정된 시간 동안 업무에 집중할 때 우리는 더 많은 일을 해낼 수 있다.

명확성 + 한정성 = 긴급성

변화 관리 전문가로 한 글로벌 기업의 회의에 참석한 적이 있다. 그 기업의 회의가 지지부진하고 비효율적인 것으로 악명이 높아 정보를 수집하기 위해서였다. 그러나 회의는 내 예상과는 전혀 다르게 진행됐다. 팀장 한 사람이 회의실에 들어오더니 '오전 10시 30분까지는 회의를 마쳐야 합니다'라고 공표했다. 그 말이 떨어지자마자 회의실 안에 활력이 넘치기 시작했고, 주의력과 집중력이 순식간에 높아졌다. 회의 참석자들이 회의에 적극적으로 참여할 준비가 돼 있었기에 논의는 곧장 이루어졌다! 나는 그러한 효과에 주목했고, 그 팀장이 사용한 방법을 직접 실행하여 똑같은 효과를 얻을 수 있었다.

시간이 촉박할 때 대체로 우리는 더 생산적으로 일하며 업무의 질도 더 높아진다. 2002년 심리과학협회 학술지에 실린 연구 결과에 따르면, 엄격한 마감 시한을 두고 업무를 보는 사람들이 그렇지 않은 사람들보다 업무 결과가 월등했으며 더 꾸준한 성과를 보였다. 나아가 업무 마감 시한을 넉넉하게, 혹은 너무 길게 잡은 사람들이 더 많은 (불필요한) 일거리를 스스로 만들어내는 것으로 나타났다.

시간이 많지 않을 때(혹은 시간이 많지 않다고 여길 때) 업무를 훌륭히 완수하려는 의지가 훨씬 확고해진다. 주어진 시간이 적을수록 업무에 더 집중하기 마련이다.

특정한 업무(명확성)를 수행하는 데
한정된 시간(한정성)이 주어진다면
우리는 분명한 행동(긴급성)을 취한다

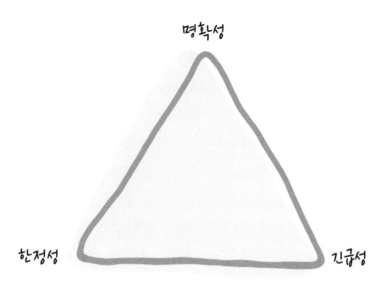

회의 효율을 높이는 세 가지 원칙

　한정성은 강력한 설득력이 있는 효과이자 민첩한 행동을 즉각적으로 이끌어내는 요인이다. 그렇기에 제품이나 서비스를 시장에 내놓을 때도 한정성이 창출하는 마케팅 효과는 대단히 크다.

　제품을 구매할 수 있는 마지막 기회…….
　남은 자리는 세 자리뿐!

인정하자, 당신도 이런 상술에 넘어간 적이 있을 것이다!

우리에게 시간은 아주 소중한 한정된 자원이다. 우리는 귀중한 시간을 더 현명하게 사용해야 하며, 회의 참석자들에게 그만큼 소중하고 가치가 있는 자원을 되돌려 줘야 한다. 25분 회의를 실천하게 되면 이러한 고민은 더 깊어질 것이다.

주어진 시간이 25분뿐이라면 업무의 우선순위는 명확해진다. 꼭 완수해야 하는 업무에 집중하게 되는 것이다. 25분이라는 한정된 시간은 우리가 회의 안건의 우선순위를 선정하는 데 큰 도움을 준다. 사람은 긴급함을 느끼면 즉각적으로 행동하게 된다. 나아가 우리 중 일부는 긴급하게 업무를 처리하는 방식에 중독됐는지도 모른다. 급한 업무라는 인식이 없다면 당신은 업무를 바로 처리하지 않을 것이다. 그러나 긴급하다는 말이 붙으면 당신은 그 일을 즉시 처리하려 할 것이다.

집을 대청소하는 데 시간이 얼마나 걸리는지 살펴보면 이 주장이 사실이라는 걸 더 명확히 알 수 있다. 손님들이 20분 안에 도착하는 상황일 때는(긴급성) 깨끗한 집을 선보이기 위해 놀라울 정도로 능숙하게 정리를 해낼 것이다(명확성). 주의를 흐트러뜨리거나 꾸물거릴 시간이 없다(한정성). 어슬렁거리며 이 방에서 저 방으로 옮겨 다니고 이쪽에서 정리 정돈을 하다가 저쪽에서 청소기를 돌리던 본래의 청소와는 확연히 다른 결과가 나타난다.

적용 사례: 더 짧은 시간 동안 더 많은 일을 처리하기

최근에 동료 클레어가 몹시 지친 목소리로 전화를 걸어왔다. 클레어의 상사가 장기 휴가를 내서 그 빈자리를 메우기 위해 애쓰는 중이라고 했다. 클레어는 방대한 업무량에 어쩔 줄 모르고 우왕좌왕했다. 일이 너무 많아서 점심 먹을 시간도 없었다. 클레어가 간단히 요기라도 하기 위해 하던 일을 멈추고 시계를 보면 이미 오후 2시를 훌쩍 넘긴 시간이었다. 시간을 살필 여유도 없이 허겁지겁 일하는 날들이 이어졌다.

나는 클레어에게 일을 잠시 멈추고 오후 6시까지 끝내야 하는 주요 업무를 적어보라고 조언했다. 애매모호한 데다가 시시때때로 변경될 수 있는 '집에 가기 전'이 아닌 구체적인 시간을 명시해야 한다고 강조했다. 그는 내 제안에 따라 해야 할 일을 구체적으로 파악했고(명확성), 업무 마감 시간을 오후 6시로 제한했다(한정성). 이 같은 방식으로 클레어는 업무에 대한 집중력과 실행력을 높여나갔다(긴급성). 그 결과 그는 6시경에 퇴근하며 '오후에 모두 해치웠어요. 해야 할 일들을 모두 끝냈다고요!'라는 문자를 내게 보낼 수 있었다.

업무 시간을 줄여서 스스로에게 어느 정도 제약을 가할 때 더 많은 일을 할 수 있다는 사실이 놀랍지 않은가?

**25분 회의
TIP**

결단을 내려라

지금 이 시점부터 되도록 회의를 25분 안에 끝내겠다고 스스로에게 공표하자. 나아가 주위 사람들에게 알리는 것도 나쁘지 않은 방법이다. sns에 '#25분_회의' 해시태그를 올려서 자신의 결정을 세상에 드러내보자.

실천! 25분 회의

25분 회의를 위한 첫걸음을 떼보자.

초반에는 당신이 주관하는 회의 중 한두 개를 골라 25분 법칙을 적용해보자. 미리 회의 시간이 25분이라고 공지하는 방식으로 말이다. 갑작스럽게 회의가 열릴 때도 시간이 25분밖에 없으니 그 안에 해결을 보자고 사람들에게 제안해보면 어떨까?

다음 회의 중 진행 시간을 25분으로 변경한 회의에 표시해보자!

- 팀 회의
- 현황 보고 회의
- 팀 내 일대일 회의
- 프로젝트팀 회의
- 정보를 알리기 위한 특별 회의
- 정보를 얻기 위한 특별 회의
- 누군가가 예고 없이 찾아와 '잠깐 시간 좀 내주실 수 있나요?' 하고 묻는 갑작스러운 회의

25분 법칙은 회의에만 적용할 수 있는 게 아니다. 운동, 전화 통화, 과도한 업무 등 25분 법칙을 적용할 수 있는 여러 분야를 떠올려보자. 25분 법칙이 당신의 생활에 긍정적인 변화를 가져 다줄 것이다.

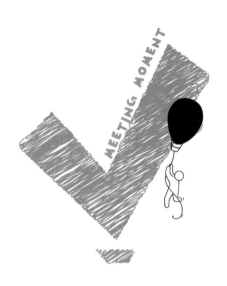

생산성을 높여보자

» 최근에 있었던 업무 마감일을 떠올려보자. 업무를 처리할 시
간이 넉넉하지 않다는 걸 깨달은 후에 얼마나 생산적으로 일
했는가?

» 한정된 시간을 좀 더 효율적으로 활용하기 위해 어떤 조치를 취
했는가? 어떤 방법으로 정신을 가다듬고 주의를 집중했는가?

» 앞으로 참석할 회의를 생각해보자. 우선 회의 시간을 25분으
로 제한하고 정신을 가다듬자. 회의가 진행되는 동안 주어진
사항을 모두 해결해야 한다고 마음먹고 회의에 집중하면 어
떤 일이 벌어질까?

THE
25
MINUTE
MEETING

PART **2**

25분

회의법

회의는 결코 사라지지 않을 것이다. 회의는 매우 중요하고 효율적인 업무 처리 방식 중 하나다. 우리는 계속 회의를 진행하며 일해야 할 것이다. 그토록 중요한 회의는 효율적이고 생산적일 때 진가를 발휘한다.

불만족스럽고 잘못된 회의는 없어져야 한다. 그리고 그 자리에 필요한 게 바로 25분 회의다. 문제가 많은 회의를 25분 회의로 대체하면 비로소 더 유용하고, 더 목적이 명확하고, 더 신속하고 효율적인 업무의 세계가 펼쳐질 것이다.

25분 회의를 실행하겠다는 결단은 성공적인 회의로 향하는 핵심이다. 지금부터 다룰 내용은 어떻게 하면 우리가 더 효율적인 회의를 할 수 있는지에 관한 것이다.

2부에서는 25분 회의를 진행하는 세 가지 단계를 차례로 살펴보려고 한다. 다음의 세 가지 단계를 익힐 것이다.

1. 협업을 통해 25분 회의 준비하기
2. 준비된 상태로 회의에 참석하기
3. 서로 소통하고 의견을 나누며 회의에 적극적으로 참여하기

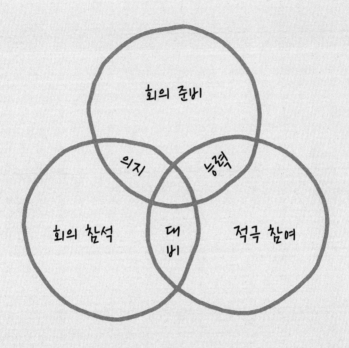

25분 회의의 세 가지 단계

4

회의를 준비하다

가장 중요한 첫 단계가 25분 회의를 실행하기로 결정하는 것이다. 이 마음가짐 자체가 당신의 업무에 긍정적인 영향을 미칠수 있다. 그러나 당신이 그러한 결정을 내린다고 해서 효과적인25분 회의가 저절로 보장되는 건 아니다.

회의 준비의 세 가지 영역

효과적인 25분 회의 준비를 위해 다음 영역을 고려해야 한다.

1. **목적**: 왜 이 회의가 필요한가?
2. **사람**: 이 회의에 누가 참석해야 하는가?
3. **과정**: 어떻게 이 회의를 진행해나갈 것인가?

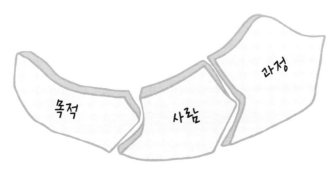

회의 준비의 세 가지 영역

목적

회의에 참석할 사람들을 소집하기에 앞서 회의의 목적을 먼저 공지해야 한다! 사람들에게 회의의 목적을 미리 설명할 때의 효과는 다음과 같다.

- **정보를 제공한다.** 사람들에게 회의에 대한 정보를 사전에 공지하면 참석자들은 필요한 자료, 문서, 정보 등을 일찍 준비하여 회의에 참석하게 된다. 나아가 정신적으로도 회의를 대비할 수 있을 것이다.
- **회의에 참석하는 이들에게 의욕을 불러일으킨다.** 사람들은 자신이 회의에 참석하는 이유와 자신의 역할을 제대로 인

지하고 있을 때 회의에 더 적극적으로 참여하는 경향이
있다.

- **회의 참석자들을 올바른 방향으로 이끈다.** 회의의 목적이
  명확하면 회의가 엉뚱한 방향으로 흘러가거나 회의 주제
  에서 멀어질 가능성이 작아진다.
- **회의에 참석할지 말지 미리 판단할 수 있게 돕는다.** 아마 열
  에 아홉은 자신이 회의에 참석할 이유가 전혀 없다는 사
  실을 깨닫게 될 것이다!

사람들이 회의에 참석하는 이유는 셀 수 없이 많을 것이다. 그
러나 회의의 목적은 크게 세 범주로 정리해볼 수 있다.

1. **알리기:** 정보를 공유한다.
2. **조율하기:** 결정을 내리거나 업무 계획에 대한 합의를 도
   출한다.
3. **해결하기:** 문제에 대한 해결책을 제시하거나 갈등을 해
   소한다.

알리기

정보를 주고받는 성격의 회의는 모두 이 범주에 속한다고 할 수 있다. 이러한 회의에서는 대표적으로 두 가지 문제가 종종 발생해서 여러 사람들의 시간을 빼앗는다. 첫째, 회의가 따로 필요하지 않은데도 추진된다. 업무와 관련된 이들에게 필요한 정보를 보내는 것만으로 충분한 때가 많다. 둘째, 사람들이 참고할 만한 정보를 단순히 전달하는 경우다. 회의 주최자들은 많은 사람이 알아야 할 정보라는 생각이 들면, 그 정보를 알 필요가 있는 사람이든 없는 사람이든 일단 소집하고 보는 경향이 있다.

그러나 정보 공유 회의에는 많은 사람이 정보를 발 빠르게 주고받고, 업무 당사자에게 확실한 정보를 신속하게 전달받을 수 있다는 순기능이 있다. 정보 공유 회의를 적절한 횟수로 현명하게 활용하자.

조율하기

이 항목에 해당하는 회의에서는 주로 업무와 관련된 결정을 내리거나 업무 계획에 대한 합의를 도출한다. 조율이 필요한 사항이 있을 때 회의를 진행하면, 팀원들의 얼굴을 마주하고 앉아서 업무에 대한 찬성과 반대를 직접 확인할 수 있다는 장점이 있다. 가끔은 괜히 회의를 잡는 좋은 핑곗거리가 되기도 하니 주의해야 한다.

해결하기

업무 해결을 위한 회의에서는 문제를 해결하거나, 해결책을 제시하거나, 의견 차이를 좁히기 위한 논의를 벌인다. 명확한 결론을 도출하지 못하더라도 어떤 문제나 쟁점 사안을 해결하는 데 도움이 될 만한 정보를 공유한다. 이러한 회의를 할 때는 무턱대고 많은 인원을 모으기보다는 당면한 과제와 밀접한 관련이 있는 사람들만 회의에 참석시키는 게 가장 중요하다.

회의의 목적을 파악하고자 한다면 그 회의를 통해 얻으려는 것을 생각해보면 된다. 회의를 통해 무엇을 얻고 싶은가? 다음 예시를 읽고 생각해보자.

- 이번 프로젝트의 자금 규모가 정해질 것이다.
- 프로젝트에서 지향하는 목표가 분명해질 것이다.
- 프로젝트의 다음 단계가 분명해질 것이다.
- 자신이 안고 있는 문제에 대한 해결책을 찾아낼 것이다.

회의 결과를 통해 그 회의가 목적을 이루는 데 적합한 수단인지 아닌지를 판단할 수 있다. 물론 회의가 제 역할을 다하지 못하는 경우가 대부분일 것이다!

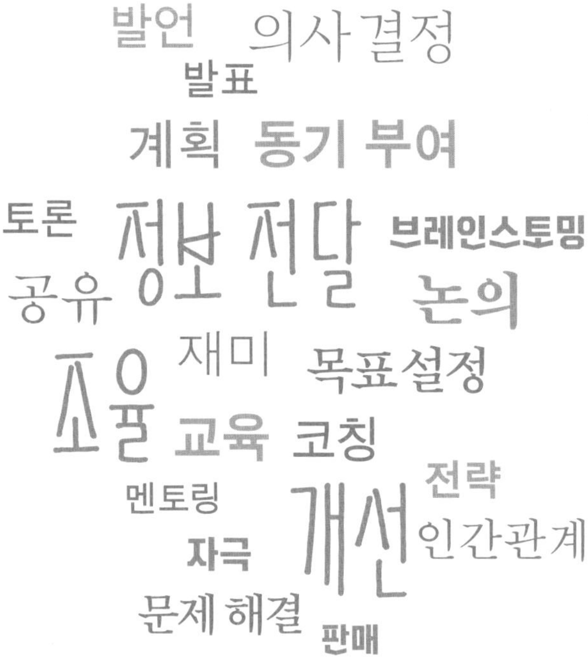

발언　의사결정

발표

계획　동기 부여

토론　정보 전달　브레인스토밍

공유　　　　　논의

재미　목표 설정

소율　교육　코칭

멘토링　　　　전략

자극　개선　인간관계

문제 해결　판매

회의의 목적 파악하기

　　사람들은 여러 방법으로 의사소통을 한다. 회의는 다양한 소통 방식 중 하나일 뿐이다. 그런데 우리는 회의를 별생각 없이 받아들이고 남용한다.

다음과 같은 경우라면 회의를 진행하는 게 맞다.

- 회의가 정보 전달, 업무 조율, 문제 해결을 하는 데 가장 효과적이고 경제적인 방법인 경우
- 회의 참석자 모두에게 확실한 이익이 돌아가는 경우
- 회의의 목적이나 목표가 명확한 경우
- 회의 참석자들이 회의에 참여하는 이유와 역할이 분명한 경우

만약 어디에도 해당하지 않는다면 모일 이유가 없다! 그런 상황에는 다음과 같은 방식을 택하면 된다.

- 피드백을 요청하는 이메일을 꼼꼼하게 작성해서 보낸다.
- 업무 관계자들에게 정보를 전달하고 필요시 통화한다.
- 사람들이 각자 가능한 시간에 논의 사안을 검토하고 의견을 남길 수 있는 공동 작업 공간(트렐로Trello, 슬랙Slack과 같은 온라인 협업 시스템)을 마련한다.
- 기업용 소셜 네트워크 서비스(야머Yammer 등)를 활용한다.
- 공지할 내용, 사람들과 논의할 구체적인 문제 등을 동영상에 담아 전송한다.

적용 사례: 목표도 없이 회의를 잡지 말기

한 친구가 내게 자신이 최근에 참석했던 회의에 대해 털어놓았다. 회의가 있기 전, 구성원들은 '목표 설정'이라는 회의 주제가 적힌 메일을 받았다. 메일에는 회의 주제 외에 다른 정보는 적혀 있지 않았다. 참석자들은 자신의 역할이 무엇인지 전혀 알지 못했고 아무 준비 없이 회의에 참석했다. 회의의 목적에 대해 논의하는 것 말고는 아무것도 할 수 없었다. 결국 그들은 다음 회의 일정을 잡아야 했다.

회의에 참석한 사람들은 목표 설정이 그 회의의 목적이 아니라는 걸 뒤늦게 알아차렸다. 그 회의의 목적은 업무 조율이었다. 논의해야 할 프로젝트에는 여러 제품이 포함되어 있었고, 각자가 맡을 업무와 업무 수행 기간을 정하려면 합의가 필요했던 것이다. 그들은 비로소 회의가 필요한 이유를 알아차렸고 구체적인 업무 계획, 프로젝트를 완수하는 데 걸리는 예상 기간 등 구성원들과 공유할 정보를 준비하여 다음 회의에 참석했다. 그 회의에서 논쟁이 오간 건 예상 업무 수행 기간이 서로 겹칠 때뿐이었다.

그렇다. 두 번째 회의는 25분 만에 끝났다.

회의의 목표를 생각해보자

회의를 하는 이유와 회의를 통해 얻고자 하는 결과가 명확해야 한다. 그렇지 않다면 회의를 진행해서는 안 된다.

실천! 25분 회의

당신의 업무 중 다른 사람들과 소통하며 진행하는 일은 얼마나 되는가? 우리가 다른 사람에게 연락을 취하는 일도 일종의 회의나 마찬가지다. 전화 통화나 이메일을 보내는 행위도 회의라고 볼 수 있는 것이다. 그러한 모든 일의 목적에 대해 한번 생각해보자.

전화를 걸거나 이메일을 보내기 직전에 스스로에게 질문을 던져보자. 이 전화를 거는 목적은 무엇이고, 이 통화를 통해 얻을 수 있는 건 무엇인가? 혹은 이 이메일을 보내는 목적은 무엇이고, 이 이메일을 보내서 얻을 수 있는 건 무엇인가?

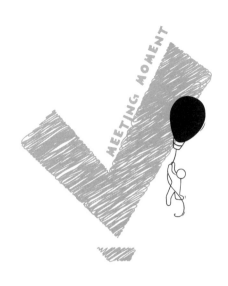

회의 목적의 중요성을 되새기자

» 다음 질문을 통해 회의의 목적과 방향을 점검해보자.

» 우리가 정말 만날 필요가 있었을까? 다른 방법을 통해 이 회의와 똑같은 효과를 얻을 수는 없었을까?

» 이 회의의 목적은 무엇일까? 정보를 전하는 것일까, 아니면 의견을 조율하거나 문제를 해결하는 것일까? 우리는 이 회의를 통해 목적을 달성했는가?

» 회의에 참석한 모든 사람이 회의의 목적과 결과를 명확하게 알고 있는가?

사람

이번에는 누가 회의에 참석해야 할지 생각해보자.

25분 회의는 회의 참석자가 5명 이내인 소규모 회의일 때 가장 효과적이다. 즉, 그 회의의 성격에 맞는 소수의 적임자가 참석하는 것이 좋다.

우리는 과도하게 많은 회의에 참석해야 한다는 사실에 불평한다. 사람들로 가득한 회의실에서 왜 내 업무와 직접적인 관련도 없는 지루한 보고서를 수십 건씩 들여다보고 있어야 하는지 그 이유를 알지 못하기 때문이다. 회의에 별 관심이 없을지도 모르는 팀원들을 회의실로 불러낼 게 아니라, 당신에게 필요한 소수의 핵심 인물들을 신중하게 가려낼 수 있어야 한다.

링겔만 효과

1913년, 프랑스 농업 전문 공학자 막시밀리앵 링겔만Maximilien Ringelmann은 오늘날 링겔만 효과로 잘 알려진 실험 결과를 발표했다. 한 팀에 인원이 늘어날수록 그 팀의 1인당 생산성이 감소하는 경향이 있다는 내용이었다.

회의 참석자 수가 지나치게 많거나 회의 주제와 관련이 깊지 않은 사람들이 회의에 참석하게 되면, 그 회의를 통해 거둘 효과는 줄어들 것이다. 당신이 참석했던 규모가 크고, 시간이 오래 걸

렸던 회의에는 그 자리와 맞지 않는 참석자들이 있었을 것이다.

다음은 회의에 별다른 기여를 하지 못하고, 나아가 회의 진행을 어렵게 하는 참석자 유형이다.

- **게으른 유형:** 혼자서는 꽤 생산적인 활동을 하지만 팀 내에서는 생산성이 떨어지는 사람들
- **구경꾼 유형:** 회의를 지켜보기만 하고 직접 참여하지는 않는 사람들
- **산만한 유형:** 기술, 지식, 도구를 모두 갖추고 있지만 업무와 연결 짓지 못하며, 오히려 다른 구성원들에게 방해가 되는 사람들

명심하자. 회의에 참석하는 사람이 많으면 많을수록 상황은 더 복잡해지기 마련이다. 회의에 '피자 두 판의 법칙'을 적용해야 한다고 주장하는 아마존 최고경영자 제프 베이조스Jeff Bezos의 조언에 귀를 기울여보자. 회의 전체 참석자에게 피자 두 판이 적은 양이라면, 인원이 너무 많다는 이야기다.

25분 회의는 규모가 중요하다

이해관계자 분석표

참석자들이 각각 어떤 이유로 회의에 참석하는지도 생각해봐야 한다. 다음 질문을 스스로에게 던져보자.

- 이 회의에서 그들은 어떤 역할을 하게 될 것인가?
- 이 회의에서 그들은 무엇을 주고받을 수 있을 것인가?

구경꾼으로 회의에 참석하는 이들은 없어야 한다. 그저 자리를 지키고 앉아 정보만 전달받는 행동도 적절하지 않다(이 또한 구경꾼이나 다름없다). 그들에게 꼭 정보를 전달해야 한다면, 다른 적절한 소통 방법을 고려해보길 바란다. 당신과 그들의 시간을 축내지 말자!

'일을 더 효율적으로, 더 쉽게 처리하려는 사람들에게 이 회의가 도움이 될까?'를 고민해봐야 한다. 회의를 한다는 명목으로 사람들의 시간을 25분씩 (혹은 그 이상을) 낭비하는 현실을 보라. 사람들은 소중한 시간을 투자한 만큼 회의가 자신의 업무에 도움이 되기를 기대할 것이다.

이해관계자 분석표를 활용하면 회의에 누가 참석해야 할지 제대로 파악할 수 있을 것이다. 보통 이해관계자 분석을 실시할 때 프로젝트 담당자는 이해관계자들과 어떤 관계를 맺어야 할지,

그들과 정보를 공유할 것인지, 또 그들이 회의에 참석해야 하는지 등을 관심도와 영향력을 기준으로 살펴보게 된다.

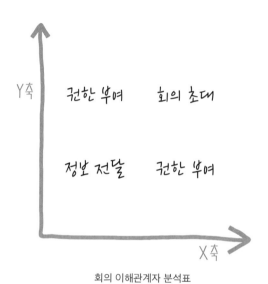

회의 이해관계자 분석표

프로젝트 관리 업무를 맡은 이들이 이해관계자를 파악할 때 자주 사용하는 X축과 Y축을 그대로 사용하거나 각 회의의 목적에 맞는 비슷한 분석법을 만들어낼 수 있다. 예를 들어, 당신이 주관하는 회의에 누구를 초대해야 하는지, 이 안건에 대해 논의할 권한을 누구에게 부여해야 하는지, 회의 결과를 누구와 공유해야 하는지를 분석하기 위해 다음 사항들을 살펴볼 수 있다.

- 직책, 역할
- 프로젝트에 미치는 영향
- 전문성 정도
- 지식수준
- 의사 결정권 유무

  X축과 Y축을 어떤 변수로 지정하든 이해관계자 분석표의 오른쪽 위에 속하는 사람은 회의에 참석해야 한다. 왼쪽 위와 오른쪽 아래에 속하는 사람들은 프로젝트 담당자에게 어느 정도 요구하는 바가 있을 것이다. 그들은 회의에 참석하지 않을 가능성이 크다. 그러나 그들의 특정 권한 때문에 당신은 그들에게 시간을 할애해야 할지도 모른다. 왼쪽 아래에 속하는 사람들은 단순히 정보만 원할 것이다. 회의 결과, 선택 사항, 결정 사항과 같은 정보를 공유해주면 그들은 충분히 만족할 것이다. 보통 그들은 회의에 적극적으로 참여할 필요가 없는 상황인 경우가 많다. 적절한 X축과 Y축을 설정하고, 각 영역에 해당하는 이해관계자에게 당신이 취해야 할 행동을 다음 예시와 같이 정리해보자.

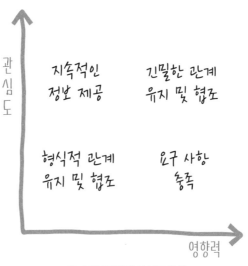

회의 이해관계자 분석표 예시

회의를 기획하는 사람

글로벌 컨설팅 회사 베인앤드컴퍼니는 회의에 관한 내부 연구 결과에서 놀라운 점을 발견했다. 바로 '누구나 회의 일정을 잡을 수 있다'는 사실이었다. 즉, 베인앤드컴퍼니에서는 인턴사원과 같은 말단 직원도 회의로 인해 발생하는 비용이나 기회비용을 전혀 고려하지 않은 채 회의 일정을 잡고 그 회의에 참석할 사람들을 소집할 수 있는 권한이 있었다.

서문에서 언급한 것처럼 회의에 드는 비용은 달러로 환산이 가능하다. 앞서 회의 비용을 설명하면서 베인앤드컴퍼니가 연간

1,500만 달러를 회의에 지출하고 있다고 언급한 것을 기억하는가? 베인앤드컴퍼니는 누가 회의 일정을 잡고, 회의를 주관하고 있는지 검토하는 사람이 없기에 그 누구도 회의 진행에 따르는 비용이나 지출에 대한 책임을 지지 않는다는 사실을 발견했다. 회의를 운영하는 사람에 대한 어떠한 통제나 견제가 없다면 이처럼 1,500만 달러의 비용을 책임질 사람은 어디에도 존재하지 않을 것이다.

당신이 일하는 조직에서 회의 일정을 임의로 정할 수 있는 권한을 가진 사람은 누구인가? 당신은 누가 계획한 회의에 참석하고 있는가?

회의 일정을 잡는 일에 무턱대고 비즈니스 사례를 요청하라는 이야기가 아니다. 회의를 진행하는 이유와 회의에 소집해야 하는 대상을 생각해보고 회의 참석자들이 쏟은 시간만큼 결과를 낼 수 있는지 확인하자는 뜻이다.

회의 기획·진행 전문가인 해리슨 오웬Harrison Owen은 '당신이 회의에서 얻는 것도 없고, 회의 진행에 기여하는 것도 없다면 곧장 일어서 다른 곳으로 가야 한다'고 말했다.

당신이 참석한 회의에서 이 원칙을 실행한다면 어떤 일이 벌어질지 한번 생각해보자. 당신이 어떤 가치도 주고받지 못한다고 판단한 상황에서 회의실을 그냥 박차고 나오면 어떻게 될까? 당신은 오웬이 제시한 원칙을 어떻게 생각하는가? 회의가 시작된 지 25분이 지나면 그때부터 시간 낭비가 되므로 그 회의를 당신의 팀원, 이해관계자들, 회사의 이사진에게 맡기고 자리를 떠나야 한다는 논리가 영 내키지 않는가? 아니면 속이 후련하고 상쾌한가?

그렇다. 여기에는 정치적인 문제들이 뒤따를 수 있다. 그러나 이 문제를 논리적으로 생각해보자. 한 조직 안에서 그 어떤 팀장, 리더, 임원이 직원들의 시간을 함부로 빼앗고 싶겠는가.

회의에서 담당하는 역할

당신이 회의를 주관할 때, 회의에 참석하는 사람들이 어떤 역할을 해주었으면 하는지 그들에게 명확히 전달할 필요가 있다.

회의에서 담당하는 역할

- **리더:** 항상 그런 것은 아니지만, 보통은 회의를 소집하는 사람이다. 리더는 회의를 주관하고 회의의 목적을 분명히 제시할 수 있어야 한다.
- **진행자:** 회의 진행을 관리하고 회의 참석자가 제시간에 모이는지 확인한다. 리더가 진행자 역할까지 함께 맡기도 한다. 진행자는 참석자 전원에게 회의에 참여할 기회를 제공하며, 참석자들이 회의를 통해 원하는 결과를 얻고 업무 계획을 세울 수 있도록 돕는다.
- **정보 제공자/수신자:** 회의에서 정보를 주고받는다.
- **의사 결정권자:** 중요한 사항들을 결정할 권한을 가진다.
- **회의록 작성자:** 회의 내용이나 합의 사항 등을 기록하여 회의가 끝난 뒤에 완성된 회의록을 공유한다.

회의 시작 전에 참석자 전원에게 각자 어떤 역할을 수행하면 좋을지 알려주자. 그렇게 한다면 참석자들은 기본적인 회의 준비는 물론이고, 각자 맡은 바를 책임질 각오도 마친 상태로 회의실에 모일 것이다.

적용 사례: 소규모의 전략적인 회의 만들기

국가 기관을 위한 전략 회의가 순조롭게 진행되도록 도와달라는 요청을 받은 적이 있다. 23명으로 구성된 회의 참석자 명단을 살펴본 나는 그 명단에 있는 사람들이 누구이며, 그들이 왜 회의에 참석하는지 회의 책임자에게 물었다.

회의 특성상 회의 책임자는 직속 부하 직원들과 작은 규모의 회의를 진행해도 괜찮았다. 그러나 직원들의 의견을 더 포용하고 싶었던 그는 직속 부하 직원들보다 한 단계 더 낮은 직급의 직원들까지 회의에 소집하고자 했다. 그의 의도는 선량했지만, 회의의 성질을 생각해봤을 때 좋은 결정은 아니었다. 그 회의의 목적은 향후 3년에서 5년 동안 진행될 사업의 비전, 임무, 전략적 우선 사항 등을 논의하는 것이었다. 너무 많은 인원이 참여하게 되면 의사 결정을 내리기가 힘들어질 수 있으며, 불필요한 권력 관계가 형성될 수도 있는 회의였다.

나는 회의 책임자에게 회의 참석 인원을 그의 직속 부하 직원 7명으로 줄이자고 제안했다. 다른 직급의 직원들과는 추후에 다양한 방식으로 의견을 나누라는 조언도 남겼다.

신중하게 선택하자

누구에게 회의에 참석해달라고 요청할지 신중하게 선택하자. 꼭 필요한 사람만 소집해야 한다는 사실을 명심하자. 회의 참석자들의 회의 참가비가 당신의 주머니에서 나간다고 상상해보라. 당신과 회의 참석자들이 회의를 통해 얻을 경제적 가치도 고려해야 한다.

실천! 25분 회의

회의에 누구를 소집하고 어떤 역할을 맡길지 결정하기 위해 아래에 준비된 항목들을 채워보자.

역할표

논의 안건의 핵심 의사 결정권자는 누구인가?	
회의 주제와 관련된 정보와 지식을 가장 많이 가지고 있는 사람은 누구인가?	
논의 안건과 관련된 업무에 매진하고 있는 사람은 누구인가?	
업무를 더 효과적으로 처리하기 위해 회의에서 전달될 정보를 알아야 하는 사람은 누구인가?	
회의에서 결정된 사항을 실행에 옮겨야 하는 사람은 누구인가?	

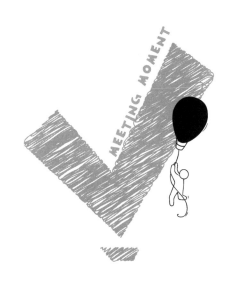

회의 참석자의 중요성을 인지하자

>> 인원이 적을수록 회의로 얻는 효과가 커진다는 사실을 명심
하고, 회의에 소집할 사람을 신중히 고민해보도록 하자.

>> 회의에 참석하는 사람들이 각각 어떤 역할을 맡으면 좋을지,
또 그 이유는 무엇인지 생각해보자.

>> 회의에 참석하게 되면 스스로에게 물어보자. '왜 나를 이 회
의에 소집했을까? 내가 이 회의에서 어떤 가치를 주고받을
수 있을까?'

과정

당신은 회의의 목적과 회의 참석자의 중요성을 인지하게 되었다. 그러니 이제는 회의의 목적에 맞는 결과를 어떻게 실현해낼 것인가에 초점을 맞춰보자.

회의 책임자가 회의실에서 회의 주제를 발표한 다음, 참석자 전원에게 '어떻게 생각하십니까?' 하고 추상적인 질문을 던지는 모습을 우리는 자주 목격한다. 이러한 관행에 사람들은 성향별로 다음과 같은 반응을 보인다.

1. **내향적인 사람:** 성격이 내향적인 사람은 말하기 전에 곰 곰이 생각하기를 좋아한다. 그들은 주어진 주제에 대한 답을 제때 내놓지 못할 수도 있다.
   * 내향적인 사람의 '어색하게 침묵하기'
   당신도 알다시피 일단 논의가 시작되면 이들은 모두 꿀 먹은 벙어리가 된다. 원격 회의인 경우 이러한 부작용은 배로 심해진다.
2. **외향적인 사람:** 외향적인 사람 중에는 생각나는 대로 말하는 것을 좋아하여 두서없는 이야기로 회의를 독점하는 이들도 있다.

＊외향적인 사람의 '큰 목소리로 떠들기'

어딜 가나 목소리 큰 사람은 늘 있다. 이들 중 일부는 회의 주제에 대해 할 말이 넘치며, 여건만 된다면 몇 시간이고 거들먹거릴 사람들이다.

이와 같은 문제를 해결하려면 참석자 전원이 공평하게 발언하고, 의견을 편안하게 나눌 수 있는 회의가 되어야 한다. 한마디로 쉽게 토론할 수 있는 절차와 구조가 갖춰져야 한다는 것이다.

바람직한 회의는 다음과 같은 현상을 보인다.

- 회의 내용을 이해하기가 쉽다.
- 회의에 편하게 참여할 수 있다.
- 업무가 복잡해지는 걸 막아 준다.
- 회의 목적에 맞는 결과를 얻을 수 있다.

전문 트레이너이자 진행자로서 회의는 물 흐르듯 진행돼야 한다는 말을 덧붙이고 싶다. 자유롭고 편안한 회의 분위기를 만든다면, 회의가 끝날 무렵에는 모두 원하는 해결책을 자연스럽게 얻게 될 것이다.

과정 vs 의제

회의 진행 과정과 의제를 혼동하는 경우가 많다. 많은 사람들은 본인이 참석했던 회의의 의제가 부실했다고 호소한다. 그러나 내가 보기에 진짜 문제는 어설픈 회의 진행 방식에 있다. 사람들은 회의에 들인 시간이 길어지면 어느 정도 회의가 진척되었다고 느끼거나 혹은 의제가 부실하여 다뤄야 할 사안들을 다 처리하지 못했다고 생각한다. 시간을 계획대로 엄수하는 회의 진행이 큰 차이를 만들 수 있다는 걸 모르고 하는 생각이다.

진행 과정

나와 내 동료 안젤라는 지루하고 무의미하고 비효율적인 회의에 참석한 적이 있다. 그 회의의 가장 심각한 문제는 진행 과정에 있었다. 회의가 시작하고 5분이 지나자 우리는 이 회의에 체계적인 진행 절차가 없다는 걸 알아차렸다. 회의 참석자들은 이전에 열렸던 회의에서 여러 번 다뤘던 내용을 다시 검토해야 하는 상황에 처해 있었다. 그때 안젤라가 회의 참석자들에게 다음과 같은 질문을 던졌다.

- 각자 정리한 생각을 1분씩 말씀해주시겠어요? 참석자 전원이 발언 기회를 얻을 수 있도록 타이머를 사용하는 게 어

떨까요?

- 본 프로젝트의 진행을 방해하고 지연시키는 요소는 무엇인가요?
- 방해 요인들을 해결하기 위해 우리가 할 수 있는 일은 무엇일까요?
- 프로젝트를 원활하게 추진하기 위해 다음 회의가 열리기 전까지 각자 어떤 일을 해야 할까요?

모든 답변이 거의 20분 만에 이루어졌다. 참석자들은 프로젝트에 더 큰 애착을 품게 되었고, 회의가 끝나자 많은 사람이 안젤라에게 다가가 다음 회의에도 참석해달라고 거듭 부탁했다. 후에 사람들은 그 회의가 몇 달을 질질 끌며 논의를 거듭해온 이 프로젝트의 회의 중 단연 최고였다는 소감을 전해왔다.

회의에 참석한 사람들은 '문제에 대해 논의하기'라는 의제로 충분히 효과적인 토론이 가능하다고 생각했다. 그런 그들에게 안젤라가 제대로 토론하는 방법을 알려준 것이다.

다음은 효과적인 회의 진행 방식의 예시다.

회의 진행 과정의 예시

의제 항목 – 무엇을 해야 하는가?	진행 – 그 일을 어떻게 수행할 것인가?
소개	각자의 이름과 프로젝트에서 자신이 맡고 있는 역할을 구성원들에게 소개한다.
의제 검토하기	회의 참석자들에게 의제를 전달하고 그들이 의제를 이해하고 있는지, 궁금한 사항은 없는지 확인한다.
의제 논의 1: 아이디어 제시하기	둘씩 짝을 지어 세 가지 해결 방법을 모색한 다음, 다른 사람들과 공유한다.
의제 논의 2: 아이디어 검토하기	모든 아이디어를 포스트잇에 적어 벽에 붙여놓고 주제별로 정리한다. 각 아이디어에 스티커를 붙여서 투표한다.
의제 논의 3: 실행 계획 세우기	채택된 아이디어를 기반으로 누가, 무엇을, 언제까지 실행할지 명확히 정리한다.
결론 내리기	결정된 사항을 다 함께 논의한다.

바람직한 회의 진행 방식

적용 사례: 25분 동안 소파에서 문제 진단하기

한 회사의 팀 개발 세션에서 360도 진단 프로그램을 검토하던 중에 고위급 경영진으로 구성된 팀의 신뢰도 점수가 매우 낮다는 걸 발견한 적이 있다. 직원들의 피드백 내용을 살펴보니, 그들을 만나기가 어렵고 투명성을 신뢰하기 힘들다는 의견이 있었다.

경영진은 매일 아침 8시 30분부터 8시 55분까지 약 25분간 비공식 회의를 진행하기로 결정했다. 회의 장소를 회사 내의 소파로 지정했기에 회의 명칭은 '소파 모임'이 되었다. 그들은 그러한 결정을 사람들에게 따로 공표하지 않았고, 모든 경영진이 의무적으로 그 회의에 참석하도록 강제하지도 않았다. 그런데도 매일 아침 8시 30분이면 커피를 마시며 대화를 나누려는 사람들이 탕비실 근처의 소파로 모여들었다.

그들은 이러한 비공식 회의를 어떻게 진행해야 하는지 알고 있었기에 회의가 산만해지지 않도록 주의를 기울였다. 주최자들은 먼저 각자가 어떤 업무를 맡고 있는지, 또 어떤 도움을 필요로 하는지를 확인했다. 그다음에는 모여든 모든 직원이 회의에 참여하고 서로 인사를 나누며 질문할 수 있도록 격려를 아끼지 않았다.

얼마 지나지 않아 조직 전체가 이 비공식 회의를 알게 되었다. 직원들은 이 모임을 경영진과 직접 얼굴을 맞대고 이야기를 나누고, 윗선의 명확한 답변을 듣고, 그들과 더 친밀한 관계를 형성할 수 있는 비공식 창구로 인지하게 되었다.

1년 후에 다시 진단 프로그램을 돌렸을 때, 신뢰도 점수는 전보다 훨씬 높게 나왔다. 또한, 그 '소파 모임'이 어떻게 회사 내의 의사소통을 활발하게 만들었고, 조직 문화를 개선했는지에 대한 증언이 줄줄이 흘러나왔다.

25분 회의
TIP

진행 방식을 디자인하라

회의 진행 방식의 명확한 틀을 갖춰야 한다. 최소한 회의를 어떻게 시작하고 진행하고 마무리할 것인지 계획 정도는 세워놓아야 한다.

다음 평가 항목을 활용하여 25분 회의에서 무엇을(의제) 어떻게(진행 과정) 논의할지 명확히 파악하고, 당신이 회의를 어떻게 디자인할지 결정해보자.

회의 평가 항목

회의의 목적	• 정보 전달 • 정보 수신 • 정보 공유 • 결정 • 해결
회의 결과	예: 프로젝트 X를 기존의 예산 및 자재 견적에 맞춰 계속 진행하기로 결정했다
우리가 결과를 얻는 데 도움을 줄 사람들	예: 밥 스미스(인사팀 팀장), 샤론 윌리엄스 (재무팀 직원), 세실리아 호앙(영업팀 직원)

	달성해야 할 것	달성하기 위한 방법
회의 의제를 달성하기 위한 진행 절차	• 관찰 -검토하기	• 미리 자료 읽기
	• 집중 -질문 -논평 -생각 -통찰	• 포스트잇에 의견을 적은 후 그 의견을 모으고 공유하기 • 중복되는 포스트잇 제거하기 • 우선순위 지정하고 토론하기
	• 실행 -다음 단계 정하기	• 결정된 사항 기록하기 • (필요시) 추가 정보 모으기 • (필요시) 후속 회의 일정 잡기

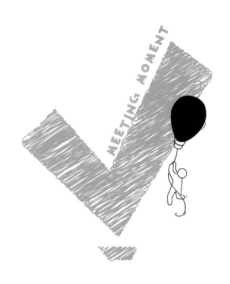

회의 진행 절차를 표준화하자

» 당신이 주관하는 모든 회의에는 목적이 있어야 하고(왜), 그
회의에 필요한 사람들을 소집해야 하며(누구를), 얻고자 하는
결과를 달성하기 위해 올바른 진행 절차를 구축해야 한다(어
떻게).

» 회의 진행 절차는 복잡할 필요가 없다. 회의 안건이 한두 개뿐
이라면 더욱 그렇다.

» 당신이 참석했던 회의 중 가장 효과적이었던 회의를 되짚어
보자. 그 회의가 올바른 진행 절차에 따라 실행되었는지 떠올
려보자.

5

회의에 참석하다

이번에는 어떤 태도로 회의에 참석하면 좋을지 생각해보자. 당신이 회의에서 어떤 역할을 맡고 있든, 참석자 전원에게 도움을 주고 회의를 더 일찍 끝낼 수 있는 방법을 알아보자.

회의 참석의 세 가지 원칙

다음은 회의 참석의 세 가지 원칙이다. 당신이 회의를 주관하거나 진행할 경우, 참석자들에게 다음 원칙의 중요성을 강조할 필요가 있다. 회의 참석의 세 가지 원칙은 25분 회의를 위한 기본적인 규칙으로 반드시 지켜야 한다. 여기에 예외는 존재하지 않는다.

1. **준비하기:** 회의 참석자 모두가 사전에 회의를 준비해야 하며, 바로 토론을 시작할 수 있어야 한다.

2. **시간 엄수하기:** 회의는 정시에 시작되며 25분 뒤에 끝난다. 회의에 지각한 사람들을 위한 반복 설명이나 보충 설명은 진행하지 않는다.

3. **현재에 집중하기:** 회의실에서 노트북이나 핸드폰을 사용하는 걸 금지한다. 회의가 진행되는 25분 동안은 집중 토론을 벌여야 한다.

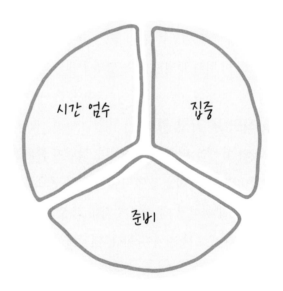

회의 참석의 세 가지 원칙

준비하기

부실한 계획과 준비는 비효율적인 회의로 향하는 지름길이다. 준비 부족은 업무를 방해하며 일정을 지연시킨다.

"당신의 준비가 미흡한 건 당신의 문제지, 내 알 바는 아니야."

이 말을 누군가에게 직접 내뱉을 정도로 용감했던 적은 한 번도 없다. 그러나 이는 타인의 시간을 축내는 사람들에게 다른 이들이 가장 전달하고 싶어 하는 말이다. 회의에 대한 사전 준비는 다른 사람들의 시간과 노력을 존중하는 행위라는 걸 절대 잊지 말아야 한다.

회의 의제 마련하기

4장에서 회의 의제와 회의 진행의 차이점에 대해 언급했다. 회의 참석자들이 회의를 제대로 준비하려면 우선 회의 의제가 무엇인지 알아야 한다.

회의 참석자들이 회의를 준비하기 위해 구체적인 회의 진행 과정을 모두 파악할 필요는 없다. 회의 진행에 필요한 무언가를 그들이 직접 가져와야 하는 상황이라면 모르지만 그게 아니라면 진행 과정은 회의 진행자가 관리하면 된다.

회의를 주관하는 경우, 사람들에게 회의에서 어떤 주제를 다룰 것인지, 참석자들은 어떤 준비를 해야 하는지 사전에 공지해야 한다. 시간은 반으로 줄이고 효과는 배로 늘리는 게 목표인 25분 회의에서 사전 공지는 필수다.

그렇다면 회의 의제가 바람직한 회의와 잘못된 회의를 판가름하는 기준 중 하나로 거론되는 이유는 무엇일까? 우리의 뇌는 불확실성을 어떻게든 피해야 할 고통으로 인지한다. 그만큼 확실성에 대한 욕구가 강하다. 대표적인 신경 과학자 중 한 사람인 데이비드 록David Rock은 확실성에 대한 욕구가 충족되면 우리 뇌에서는 정신적 보상을 얻는 효과가 일어난다고 발표했다. 나아가 2005년의 한 연구 결과에 따르면, 약간의 불확실성만으로도 뇌의 공포 중추인 편도체가 활성화된다고 한다. 즉 무언가를 확신하지 못할 때, 우리는 내키지 않는 기분으로 회의실에 들어가게 된다. 심지어는 회의에 참석하며 불쾌한 느낌을 받을지도 모른다. 부정적인 감정 상태로 회의에 참석한다면, 제 역량을 다 발휘하지 못할 게 분명하다. 이처럼 우리는 어떤 사안을 다룰지, 그 의제가 개인의 업무와는 어떤 관련이 있는지를 명확히 인지한 상태로 회의에 참석할 때 더 큰 만족감을 느끼게 된다. 사람들에게 사전에 회의를 준비할 환경과 기회를 제공하면 할수록 토론과 결과물의 질은 더 좋아질 것이다.

주요 의제와 공식 의제

회의 의제는 회의에서 어떤 논의가 벌어질지, 회의의 목적이 무엇인지를 사람들에게 알려주는 역할을 한다. 그렇다면 주요 의제와 공식 의제의 차이점은 무엇일까?

다음과 같은 항목이 25분 회의의 주요 의제에 해당한다.

- 토론 주제나 질문을 포함한 회의의 목적
- 각 회의 참석자가 준비해야 할 것
- 3개 이하의 토론 안건이나 질문

공식 의제는 주요 의제와 유사하지만 주로 규모가 더 크고, 더 많은 시간을 할애하는 회의에서 사용된다. 따라서 더 많은 항목이 의제에 포함되곤 한다. 공식 의제에는 실행 계획, 양해를 구하는 말, 일정, 관련 행사와 같은 다른 세부 사항들도 포함될 수 있다. 만약 당신이 회의를 이틀에 걸쳐 진행하게 된다면, 공식 의제가 좋은 길잡이가 될 것이다. 모든 의제는 다음과 같은 방법으로 공지한다.

- 회의 소집 공지를 통해 의제 알리기
- 회의 시작 24시간 전에 의제 다시 알리기

주간 팀 정규 회의나 일대일 업무 보고 회의와 같은 주요 회의나 정기 회의의 경우에는 회의 의제가 매번 유사하거나 같을 수 있다. 따라서 매주 의제를 새로 작성하는 대신, 회의를 소집할 때마다 첫 회의에서 제시했던 회의 규약이나 규정을 다시 공지하면 참석자 전원이 정기적으로 내용을 확인할 수 있을 것이다.

회의 규약에는 다음과 같은 사항이 포함된다.

- 회의 목적
- 회의 참석자
- 회의 참석자의 의무와 역할(사전 준비, 보고서 작성 등)
- 대리인, 참관인 참석 여부
- 회의 실행 계획(장소, 시작 날짜)

능력으로 인정받은 전문가들은 끊임없이 회의를 연습하고, 반복하고, 계획하고, 준비하는 사람들이다. 그들이 회의를 즉흥적으로 진행하는 것처럼 보여도 실상은 그렇지 않다. 그들이 그렇게 자연스러워 보이는 건 그만큼 열심히 준비했다는 증거다. 아마추어는 즉흥적인 회의를 하지만, 프로는 준비된 회의를 한다.

적용 사례: 적절한 회의 방식 채택하기

산드라의 하루는 회의로 꽉 차 있다. 그 회의들의 의제는 대부분 고정돼 있으며, 각 의제는 회의 하루 전에 팀원들에게 이메일로 발송된다. 산드라는 60분 동안 진행되는 비정규 회의에도 자주 참석하는데, 그는 내 조언을 듣고 회의 진행 시간을 25분으로 바꾸었다. 25분 회의를 시도한 산드라는 토론 진행 방식과 사람들이 소통하는 방식, 심지어는 주어진 업무에 임하는 방식도 확실히 개선됐다고 알려왔다.

산드라는 더 효과적인 결과를 기대하며 자유롭게 질문을 주고받는 새로운 형식의 회의를 실시했다. 새로운 시도를 한다는 게 어려운 일이기는 했지만, 그는 이번 일을 통해 침묵이라는 도구가 매우 중요한 역할을 한다는 사실을 깨닫게 되었다. 회의에서 사람들은 누가 먼저 답을 할지 궁금해하며 자주 주위를 두리번거렸다.

산드라는 다른 다양한 개념들도 회의에 적용하고 있다. 그가 효과를 본 회의 방법들은 다음과 같다.

- 회의에 앞서 간단한 의제를 참석자들에게 전달한다. 그리하여 그들이 회의 의제를 숙지하고 회의 중에 당황하지

않도록 인도한다.

- 논의하기로 한 의제를 고수한다. 토론의 흐름과 밀접한 관련이 있는 안건에 한해서만 새로 추가할 수 있도록 규칙을 정한다. 이를 통해 참석자들이 토론에 집중할 수 있도록 한다.
- 회의실에 일찍 도착해서 회의를 정시에 바로 시작할 수 있도록 준비한다.
- 회의용 스크린이나 종이에 내용을 메모하며 회의를 진행한다. 이 방법을 통해 여러 의견을 최대한 하나의 방향으로 모은다.
- 24시간 안에 팀원들과 회의록을 공유하여 팀 전원이 합의된 사항을 확인하고 숙지하도록 돕는다.
- 핵심 관계자들이 회의에 지각하거나 참석하지 못해도 회의를 그대로 강행한다. 이러한 상황 때문에 시간을 낭비하지 않도록 주의하여 일정을 준수한다. (필요할 경우, 회의에 지각하거나 불참한 이들에게 회의 진행 상태와 결과를 전달하고, 정해진 회의 시간을 반드시 지킬 것을 인식시킨다.)

25분 회의
TIP

오전 시간을 활용하라

사람의 에너지를 고려했을 때, 중요한 업무를 처리하기에 가장 적절한 시간대는 바로 오전 이다. 만약 이번 회의에 참석자들의 강도 높은 집중력이 필요하다면, 회의를 정오보다 이른 시간에 진행해보는 건 어떨까.

혹시 프레젠테이션을 앞두고 있는가? 여러 장의 슬라이드를 준비해서 발표 내용을 전달할 생각이라면, 과연 그 슬라이드가 꼭 필요한지 다시 한번 생각해보자. 불필요하게 슬라이드를 사용하고 있지는 않은가? 다시 생각해봐도 슬라이드가 반드시 필요한 상황이라면, 다음과 같이 진행해보자.

회의 참석자들에게 슬라이드를 미리 보내 회의 준비의 일환으로 내용을 검토해달라고 요청하자. 나아가 회의에서 논의하고 싶은 사안도 함께 보내자. 사전에 발표 내용을 공유하면 프레젠테이션을 준비하면서 방향을 제대로 잡을 수 있을 것이다. 예를 들어, '슬라이드 4에 있는 도표는 제품의 판매 감소를 보여주고 있는데, 이러한 현상의 배경이 현재의 동향인지 아니면 이상 현상인지 당신의 의견을 듣고 싶습니다'와 같이 원하는 내용을 구체적으로 전달하면 된다. 발표에 사용할 슬라이드에는 핵심 논의 주제를 표기하여 원활한 회의를 기획해보자.

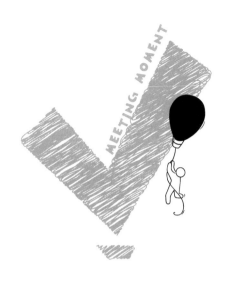

회 의 를 철 저 히 준 비 하 자

» 적어도 48시간 전에 참석자들에게 의제, 질문, 자료, 요청 사
  항 등을 보내자.
» 참석자들이 사전에 무엇을 준비했으면 하는지 구체적으로 전
  달하자.
» 회의에서 특정한 역할을 해야 하는 참석자가 있다면 미리 공
  지하자.
» 회의 시작 24시간 전에 회의 일정을 한 번 더 알리는 후속 메
  일을 보내자.

시간 엄수하기

내 아버지는 호주 해군이셨다. 아버지는 함대에서 가장 큰 선박이었던 항공 모함을 타고 근무하셨다. 항공 모함이 오전 9시에 부두를 떠나기로 되어 있다면, 출근길 교통 체증에 발목을 잡혔다는 핑계를 대며 오전 8시 59분에 그 배에 올라탈 수는 없는 노릇이다. 당신이 타든 말든 배는 오전 9시 정각에 출항한다. 늦어도 오전 8시 30분까지는 승선을 해야 한다(사실 아버지는 오전 8시까지 배에 올라야 한다고 늘 당부하셨다).

아버지는 일이 잘못될 변수가 너무 많기 때문에 오전 9시에 도착할 생각으로 계획을 세우는 건 현명하지 않다고 말하셨다. 대중교통은 제때 운행되는 일이 거의 없고, 교통 흐름을 방해하는 운전자가 한 명만 나타나도 아침 교통 상황은 순식간에 지옥으로 변할 수 있다. 아버지는 목적지에 제때 도착할 수 있는 차가 어떤 차인지 알아본 뒤, 그 차의 앞 시간 차를 타야 한다고 늘 내게 강조하셨다. 아버지의 이 조언을 회의에도 똑같이 적용해볼 수 있다.

오전 9시에 회의가 시작한다는 걸 알면서도 몇 분 늦어도 괜찮다는 안일한 생각으로 뒤늦게 책상에서 몸을 일으키는 사람들이 조직에는 너무나 많다. 언젠가 내 고객들에게 회의가 오전 9시에 시작한다고 할 때 지각이라고 할 수 있는 시각이 언제라고 생각하는지 물어본 적이 있다. 그들은 오전 9시 14분 이후에는 모두 지각이라고 답했다! 나는 그 답을 듣고 말도 안 된다고 생각했다. 아버지라면 오전 8시 55분 이후에 도착한 사람은 모두 지각이나 다름없다고 하셨을 것이다.

대부분의 조직이 지각에 지나치게 관대하다고 해도 과언이 아니다. 지각하는 경우가 너무 많아서 사람들은 회의에 늦어도 사과할 생각조차 하지 않는다. 으레 그러려니 한다! 심지어 사람들은 지각하는 이들로 인해 회의가 늦게 시작되더라도 여전히 정시에 끝날 것을 기대한다. 몇 분 지각하는 게 별로 대수롭지 않은 일처럼 보일 수 있지만, 지각은 다른 사람의 시간을 존중하지 않는 예의에 어긋나는 행동이다. 또한 지각은 집중을 방해하고 생산성을 떨어뜨리는 결과를 불러오기도 한다.

찰스 두히그Charles Duhigg는 자신의 책《습관의 힘The Power of Habit》에서 우리 삶에 연쇄 반응을 일으키는 핵심 습관에 대해 설명한다. 그는 아침에 침대를 정리하는 데 시간과 공을 들이는 사람들이 하루를 더 생산적으로 보내는 경향이 있다고 말한다. 이를테면, 침대를 정리하는 습관이 하루를 바꾸는 핵심 습관이라는 것이다.

나는 시간 엄수가 바로 그와 같은 핵심 습관이라고 생각한다. 우리가 시간을 엄수하여 얻을 수 있는 이익이나 효과는 상당히 많다. 시간을 잘 지키는 사람들은 태도가 점잖아 보이고, 믿음직스러우며, 책임감 있어 보인다.

게다가 시간 엄수라는 핵심 습관이 회의에 미치는 효과는 확실하고 긍정적이다. 우리가 타인의 시간을 고려한다는 것은 준비된 사안과 회의 주제를 존중한다는 의미이며, 그 태도는 팀원들에 대한 긍정적인 배려로 이어지게 된다. 그 배려는 더 자유롭고 정직하고 솔직한 토론으로 발전하며, 그러한 토론은 우리가 회의에서 기대하는 결과물을 얻게 해준다.

너무 극단적으로 말하고 싶지는 않지만 조직 내에서 지각이 당연시되고 용인될 경우 부정적인 분위기가 조장되는 것이 사실이다. 그러한 사내 분위기는 수익 손실, 사업 손실, 직원들의 사기 저하로 이어질 수 있다.

시간 엄수의 중요성을 인지한 당신이 먼저 본보기를 보인다면 조직 변화의 좋은 출발이 될 것이다. 물론 조직 내 다른 사람들이 시간을 지키든 지각을 하든 간에 시간 엄수는 당신이 꼭 개발해야 할 습관 중 하나다.

당신이 회의를 기획하거나 주관하게 되면 오전 9시에 즉시 회의를 시작하겠다고 참석자들에게 분명하게 알릴 수 있을 것이다. 그렇게 되면 오전 9시가 되자마자 회의를 시작할 수 있다. 비록 당신이 정시에 회의에 참석한 유일한 사람일지라도 말이다.

기호, 믿음, 가치관, 이상향이 달라도 누구나 시간을 지킬 줄은 안다. 시간을 잘 지키기 위해서, 즉 제시간에 회의를 시작하고 끝맺기 위해서는 다음과 같은 노력이 필요하다.

- 의제를 미리 검토한다.
- 회의에 참석하는 이유와 자신이 맡은 역할을 명확하게 파악한다.
- 회의에 도움이 될 만한 아이디어를 준비한다.
- 회의에 필요한 답변이나 피드백은 제시된 시간 안에 제출한다.
- 논의 내용을 미리 검토하고, 관련 자료를 찾아서 읽어 보는 등 사전 준비를 한다(가능하면 회의 24시간 전에).
- 자신이 회의에 소집된 이유를 잘 모르겠다면, 회의 주최자에게 자세히 물어보도록 한다.
- 회의 시간에 맞춰 참석한다(아주 간단한 일이다).

적용 사례: 회의 시작 시간이 지나면 회의실 문 닫기

한 팀장이 자기 부서의 형편없는 회의 문화를 개선하기 위해 단호한 결단을 내렸다. 그는 오전 10시에 회의를 시작할 것이며 지각을 할 경우 회의실에 들어오지 못한다는 규칙을 팀원들에게 알렸다. 팀장의 말을 진지하게 받아들이지 않은 여러 직원이 평소처럼 늦게 회의 장소에 도착했고, 그들은 굳게 닫혀 있는 회의실 문을 마주해야 했다.

회의에 실제로 참석한 인원은 전체 팀원 9명 중 4명에 불과했다. 그렇게 제때 모인 직원들끼리 모든 사안을 논의하고 결정을 내렸다. 회의가 끝난 후 회의에 참석하지 못한 나머지 직원 5명은 해당 사안에 대한 발언권을 얻기를 바랐고, 다시 함께 의견을 교환하자고 요청했다. 그러나 팀장은 그 사안은 이미 논의가 끝났다고 단호하게 대답했다. 그 사건 이후에 진행된 회의에서는 놀라운 일이 일어났다. 회의가 시작하기 몇 분 전에 이미 참가자 전원이 회의실에 도착해 있었던 것이다.

기본 원칙을 인지하자

회의 참석자 전원이 회의의 기본 원칙을 정확히 이해하고 있는지, 또 모두가 그에 동의하는지 확인하도록 하자. 기본 원칙을 어길 경우, 어떤 조치가 내려지는지도 모두 알고 있어야 하며 그 조치는 사전에 합의된 사항이어야 한다.

실천! 25분 회의

일정표를 살펴보고 얼마나 많은 회의가 잡혀 있는지 한번 확인해보자. 일정이 아주 빡빡해서 하루에도 여러 번 회의에 참석해야 하는가? 그렇다면 어쩌면 당신은 회의가 끝나기 전에 다음 회의 장소로 향하기 위해 일찍 빠져나와야 할지도 모른다. 심지어는 그러고도 다음 회의에 지각할 수도 있다.

지금부터는 회의와 회의 사이에 걷고, 이동하고, 생각하는 여유 시간도 일정표에 포함시키자. 그렇게 하면 한 회의에서 다른 회의로 순조롭게 옮겨갈 수 있을 것이며, 모든 회의에 효율적으로 참여할 수 있을 것이다. 25분 회의를 철저하게 실행하는 경우에는 일정표에 각 회의 시간을 25분이 아닌 30분으로 정리해두자. 회의실로 이동하고 회의를 미리 준비할 5분을 바로 얻게 될 것이다.

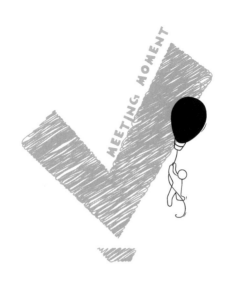

회 의 시 작 시 간 을 준 수 하 자

» 다른 이들이 본보기로 삼을 모델이 돼보자. 항상 제시간에 회
의에 참석하자.

» 팀원들에게 회의 시간 엄수의 중요성을 강조하자.

» 행위에 따르는 결과를 보여주자. 지각하는 사람들을 기다리
지 않고 회의를 시작하거나 그들이 회의실에 들어오지 못하
도록 조치를 취하는 방법도 있다.

» 직접 만나서 이야기하는 대신, 화상 회의나 온라인 회의 등 대
체 회의 방식을 활용해보자. 이동 시간이 사라지면 시간을 절
약하게 될지도 모른다.

현재에 집중하기

많은 사람들이 노트북을 가지고 회의에 참석한다. 사실 핸드폰이나 태블릿 없이 회의에 참석하는 경우를 찾아보기가 어렵다.

우리는 평균적으로 하루에 2,500번 이상 핸드폰을 만진다! 아이들이 애착 담요에 집착하는 것처럼 우리에게 핸드폰은 항상 지니고 있어야 하는 물건이 됐다.

그러나 회의 중에 핸드폰을 사용하거나 노트북을 여는 사람들을 보면 무슨 생각이 드는가? 나를 포함한 대부분의 사람은 그들이 딴짓을 한다는 인상을 받게 될 것이다.

그런데 그렇게 느끼지 않은 예외적인 상황도 있었다. 전자 기기로 복잡한 회의 내용을 받아 적거나 모국어가 아닌 언어로 진행되는 회의를 이해하기 위해 검색하는 경우였다.

어떤 사람들은 회의 내용을 필기하기 위해 노트북, 핸드폰, 태블릿이 필요하다고 주장할지도 모른다. 그러나 우리는 방금 도착한 이메일이나 SNS 게시물을 슬쩍 확인하는 일이 얼마나 쉬운지도 알고 있다. 컴퓨터로 관련 자료를 보여줘야 하는 상황이 아니라면 회의 중에 전자 기기는 되도록 사용하지 말아야 한다.

상황이 어떻든 당신이 회의를 진행하고 있거나 발표를 하는 중이라면 참석자들의 전자 기기 사용이 눈에 거슬릴 것이며 집중력도 흐려질 것이다. 또한, 당신의 기분과는 별개로 우리가 전자 기기를 사용하지 않고 회의에 임해야 하는 아주 중요한 이유가 있다.

최근 발표된 연구 결과들을 살펴보면, 우리 뇌는 여러 활동을 동시에 수행할 수 없다고 한다. 뇌가 두 작업 사이를 아주 빠르게 오가며 기능해서 여러 작업을 동시에 진행하고 있다고 느낄 수는 있지만 모두 착각이라고 한다. 사실은 두 작업을 번갈아 가며 실행하는 상황이며, 그렇기 때문에 더 많은 시간을 들이게 된다는 것이다. 실제로 미국의 심리학 전문지《사이콜로지 투데이 Psychology Today》에 실린 기사에 따르면, 동시에 여러 작업을 수행할 경우 생산성이 최대 40%까지 떨어질 수 있다고 한다.

회의 중에 전자 기기를 사용하지 않는다면 집중력이 더 높아질 뿐 아니라 더 활기차고 더 능률적으로 회의에 참여할 수 있으며 실수도 더 적어질 것이다. 그러니 회의 시간에 노트북은 책상에 두고 오고, 핸드폰은 무음으로 설정해 주머니 안에 넣어두도록 하자!

적용 사례: 회의실에서 핸드폰 사용하지 않기

내 고객 중 한 명인 어떤 팀장은 25분 회의에 '전자 기기 사용 금지' 원칙을 추가했다. 처음에 회의 참석자들은 약간의 저항감과 거부감을 느꼈다. 사람들은 '누가 저를 급하게 찾으면 어쩌죠?'라고 물었다. 팀장은 참석자들이 25분 회의를 제대로 실행한다면, 우리를 찾는 이메일이나 음성 메시지에 응답하기까지 그저 25분이 걸릴 뿐이라고 설명했다.

단, 다음 사항에 해당하는 일부 직원에게는 예외를 적용했다.

- 비상 대기 중인 기술팀·운영팀 직원
- 가족이 출산을 앞두고 있는 직원

팀장은 회의 참석자들이 25분간 연락이 되지 않아서 문제가 생긴다면, 우리 조직이 형편없는 상황에 처했다는 증거나 다름없다고 단언했다.

팀장은 만약 핸드폰을 가지고 회의에 참석할 경우, 가방이나 주머니에 핸드폰을 넣어둬야 한다고 공지했다. 회의 시작 시간에 탁자 위에 놓인 핸드폰은 누구의 것이든 모두 수거하여 바구니에 담았고, 회의를 마친 후 찾아가도록 했다. 그런 식으로 회의가 두 차례 진행되자 더는 바구니를 회의실에 둘 필요가 없어졌다. 모든 구성원이 새 규칙을 인정하고 긍정적으로 받아들이게 되었다.

25분 회의
TIP

타이머를 사용하자

회의 중에 전자 기기를 사용하지 않는다면 시간을 확인할 다른 기기가 필요하다. 무음으로 사용할 수 있는 주방용 타이머나 학생용 타이머로 시간을 재는 건 어떨까. 회의 시간이 5분 남은 시점을 알 수 있도록 타이머에 20분을 입력해서 설정해보자.

실천! 25분 회의

25분 회의에 적응하는 데 가장 큰 장애물은 무엇일까? 회의 시간 엄수, 회의 준비, 회의 참여 중 무엇을 가장 중점적으로 개선해야 할까? (아마 전부 다 개선해야 할 것이다.) 회의 참석자 전원에게 25분 회의의 기본 원칙을 확실히 이해시키려면 어떻게 하는 게 좋을까? 다음 항목을 읽고 스스로 고민해보자.

- 앞으로 회의를 25분 동안 진행한다고 공지하기
- 제시간에 맞춰 회의에 참석하기
- 회의 준비 철저히 하기
- 사전에 관련 자료 제공하기
- 모든 전자 기기 사용을 금지하기

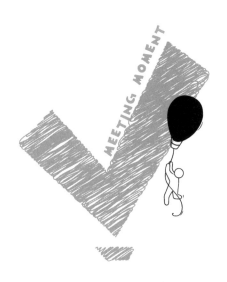

회의에 더 적극적으로 참여하자

≫ 전자 기기는 가방이나 주머니에 넣자. 혹은 따로 마련된 소지
품 상자나 손이 닿지 않는 회의실 탁자 중앙에 두자.

≫ 회의 시간에 전자 기기를 사용하는 사람들을 대상으로 가장
먼저 핸드폰을 건드린 사람이 커피 사기, 전자 기기를 만진
사람이 회의실 정리하기 등 간단한 벌칙을 준비하자.

≫ 자연스러운 진행으로 회의가 지루해지지 않도록 하자.

≫ 타이머를 사용하자.

≫ 문제가 해결되지 않아서 진행이 더뎌지고 진전이 어려운 경
우, 과감하게 다음 사안으로 넘어가자.

6

회의에 참여하다

이번에는 회의 진행 방식을 고민해보자. 모든 참석자가 적극적으로 참여하여 목적을 순조롭게 달성하는 회의가 우리 모두의 지향점일 것이다.

아마 당신은 사람들이 자발적으로 나서기를 꺼리는 회의, 참석자들이 각자 잡담을 나누는 회의, 한 사람이 발언권을 독점하는 회의에 참석해본 적이 있을 것이다. 그렇다면 일론 머스크의 다음 발언에 공감할 수도 있겠다.

스페이스X 최고경영자인 일론 머스크는 직설적인 사람으로 알려져 있다. 어떤 이들은 그를 퉁명스러운 사람이라고 평가하기도 한다. 일론 머스크는 언젠가 한 회의에서 회의 내내 아무 말도 하지 않고 있는 참석자를 보고 '당신은 단 한마디도 하지 않앉어요. 이 자리에 왜 나와 있는 거죠?'라며 정곡을 찌르는 말을 했다고 한다.

사람들이 적극적으로 회의에 참여하기를 원하는가? 회의를 주관하거나 진행하는 입장이라면, 참석자들이 믿고 따를 수 있는 체계를 잡아보자. 최상의 결과를 얻을 수 있을 것이다. 순조로운 회의 진행을 위한 체계적인 틀이 마련되어 있지 않다면, 회의는 혼란스러운 상태로 진행될 가능성이 있다.

회의 참여의 세 가지 방식

25분 회의의 경우, 참석자들이 다음의 세 가지 활동을 실행할 수 있는 회의의 틀이 제대로 갖춰져 있어야 한다.

1. **참여하기**: 회의 참석자들이 개인의 능력을 발휘하고, 기발한 의견을 나누며, 중요한 질문을 던지는 등 회의에 적극적으로 참여할 수 있도록 편안한 분위기를 조성하자.
2. **결과 내기**: 실질적인 업무에 보탬이 되고, 성과를 올리기 위해 회의를 효과적으로 활용하자.
3. **실행하기**: 회의에서 결정된 해결책과 업무에 따르는 책임, 임무를 끝까지 놓지 않도록 한다.

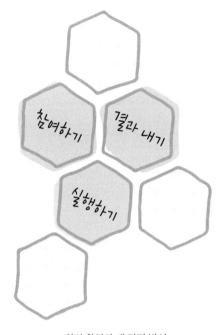

회의 참여의 세 가지 방식

참여하기

회의 중에 폐쇄적인 태도로 침묵하는 참석자를 목격한 적이 있는가? 아마 그는 당시에 두려움이나 불편함을 느끼고 있었을 확률이 높다. 25분 회의를 실행하는 경우, 사람들이 편안한 마음으로 곧바로 회의에 참여할 수 있도록 도와야 한다. 빠르게 친밀한 관계를 형성할 수 있어야 한다는 뜻이다.

친밀한 관계에 대해 언급할 때 나는 미군이 사용하는 군사 경보 체제인 '데프콘DEFCON(방어 준비 태세Defense Readiness Condition)'을 자주 사용한다. 데프콘은 다섯 단계로 나뉜 미군의 방어 준비 태세(혹은 경계 상태)로, 다음 표에 나타난 것처럼 군사 상황에 따라 데프콘 5단계(전쟁 위험이 없는 상태)에서 데프콘 1단계(전쟁 직전 상태)까지 경보 강도가 높아진다.

데프콘 5단계

방어 준비 태세 단계	내용
데프콘 1	핵전쟁이 임박한 상태
데프콘 2	핵전쟁 준비가 완료된 상태
데프콘 3	평시보다 높은 수준의 전투 준비 태세로 강화한 상태
데프콘 4	정보 감시와 정보 보안이 강화된 상태
데프콘 5	가장 낮은 준비 태세가 발령된 상태

나는 사람에게 자신만의 데프콘 체계가 있다고 생각한다. 우리가 안전하다고 느낄 때나 친숙한 환경에 처해 있을 때는 데프콘 5단계 상태라고 할 수 있겠다. 낯설거나 예상치 못한 순간에 맞닥뜨리면 우리는 그 즉시 데프콘 단계를 4단계나 3단계로 높인다. 신체적 안전이 위협받게 되면 우리 안의 경보 체계는 데프콘 단계를 2단계나 1단계로 인지하며 뇌의 편도체(생존과 관련된 감정과 자극을 관장하는 뇌 부위)가 활성화된다.

데프콘 단계를 낮춰라

회의실에 들어갈 때 사람들의 데프콘 체계는 몇 단계 정도일지 가늠해보자. 데프콘 단계에 영향을 미칠 수 있는 요인은 회의 직전에 있었던 일, 회의 주제, 회의 참석자, 참석자들과의 관계 등 무수히 많을 것이다.

다른 사람들과 긍정적인 관계를 맺고, 신뢰를 기반으로 소통할 수 있는 데프콘 5단계의 사람들이 회의실에는 필요하다. 당신이 회의를 주관하거나 진행하는 입장이라면, 회의에 참석하는 사람들이 편안하고 안정적인 상태에서 마음을 열고 적극적으로 소통하기를 바랄 것이다.

다른 사람의 방어 기제(또는 데프콘 단계)를 낮추는 유일한 방법은 동질감과 친밀감을 높이는 것이다. 이는 최소 3만 5,000년 이상 우리 안에 내재된 본능 중 하나다. 사람이 사냥과 채집을 하던 시절에도 사람들은 낯선 사람과 우연히 마주치면 즉각적으로 서로의 동질성부터 확인하곤 했다. 그때 그들은 상대의 머리카락 색, 눈동자 색, 옷차림, 장식품, 도구, 무기, 문신 등을 살펴봤을 것이다. 그리고 그들의 모습이 자신과 같거나 비슷하다면 안심했을 것이다(데프콘 5단계). 만약 상대의 모습이 자신과 다르다면 다소 주춤한 상태(데프콘 4단계)로 상대의 행동을 지켜봤을 것이며. 불안감이 거세지거나 위협을 느끼면 공격을 준비(데프콘 2단계 또는 1단계)했을 것이다.

동질성은 곧 안전성을 뜻한다. 그러한 본능은 오늘날에도 우리 안에 꿈틀거리고 있다. 대중교통으로 이동하는 상황으로 예시를 들어보겠다. 당신은 자리에 앉아서 이런저런 생각을 하거나, 핸드폰을 만지작거리고 있다. 혹은 책이나 신문을 읽거나 아니면 그저 창밖을 내다보고 있을 수도 있겠다. 당신이 타고 있는 이동 수단(버스, 지하철, 기차 등)에 누군가 탑승한다. 우연히 그걸 알아차린 당신은 하던 일을 멈추고 눈을 돌려 아주 짧은 시간 동안 주위를 살피고는 다시 하던 일을 할 것이다. 눈앞에 나타난 낯선 사람이 평범한 사람인지 확인한 것이다. 당신은 무의식적으로 '내가 잘 알고 있는 익숙한 모습의 사람인가?' 하고 스스로 질문을 던졌을지도 모른다. 어쩌면 당신은 예상치 못한 무언가를 인지하고 긴장할 수도 있다. 새로운 탑승자는 화려한 옷을 입었거나 겉모습이 대단히 매력적일 수도 있다. 그것도 아니라면 상대방의 신발이나 행동에 특이한 점이 있을지도 모른다. 순간 당신은 당신과 다른 모습(혹은 익숙하지 않은 모습)을 받아들이기 위해 잠시 주춤할 것이다(데프콘 4단계). 그런 다음 당신이 안심할 수 있는지(데프콘 5단계로 복귀) 아니면 불안함을 느낄만한 이유가 남았는지(데프콘 3단계로 변동) 자신의 감정을 살펴볼 것이다.

다른 사람들도 당신과 마찬가지다. 당신을 잘 모르는 사람들은 당신을 보는 즉시 데프콘 4단계를 발령하고 당신이 얼마나 평범한 사람인지 살필 것이다. 당신이 평범하면 평범할수록, 익숙하면 익숙할수록 다른 사람들에게 안전한 사람으로 인식될 가능성이 높아진다.

회의실에서 참석자들의 감정 상태를 파악해보는 건 중요하다. 안도감을 느낄수록 사람은 자신의 것을 더 많이 공유하려는 경향이 있기 때문이다. 참석자들은 안전하다고 느낄까? 아니면 공격받고 있다고 느낄까? 그들은 거리낌 없이 편안하게 말하고 있는가? 그들이 최상의 컨디션으로 회의에 참여할 수 있는 편안한 회의 공간이 마련되어 있는가?

친밀한 관계 형성하기, 수다 떨기, 잡담하기, 사적인 관계 맺기 등은 우리가 더 자유롭고 솔직하게 대화하는 데 도움을 준다. 친밀한 관계를 뜻하는 단어인 '라포(rapport)의 사전적 의미는 '감정과 생각을 원활하게 나누고 서로 이해하는 행위로 형성된 조화롭고 가까운 관계'다. 이처럼 친밀한 감정과 공감하는 분위기가 빠르게 형성되어야 정해진 시간 내에 활발한 소통을 할 수 있다. 일부는 어색함을 해소하기 위해 담소나 아이스 브레이킹을 시도하기도 한다. 날씨, 스포츠, 아이들, 주말 계획 등의 이야기를 먼저 꺼내는 노력을 하는 것이다.

그러나 25분 회의에서는 친밀감을 형성하는 데 너무 많은 시간을 할애하지 않도록 각별한 주의를 기울여야 한다. 시간을 현명하게 관리해야 25분 회의를 성공적으로 실행할 수 있다.

친밀한 관계를 빠르게 형성하는 방법

보통 우리는 휴식도 없이 이 회의에서 저 회의로 바쁘게 옮겨 다닌다. 밀려드는 이메일, 이전 회의에서 나눈 의견, 이런저런 잡생각에 머릿속이 복잡한 상태로 회의에 참석하는 날이 많다. 그래서 당면한 문제를 바로 해결하지 못하고 어려움을 겪기도 한다. 그런 때에 회의실과 회의 주제에 빠르게 집중할 수 있는 몇 가지 기술을 지금부터 알아보자. 다른 회의 참석자들도 다음과 같은 기술을 활용하여 회의에 빠르게 몰입할 수 있을 것이다.

참석자들과 안부 인사를 나누며 근황을 확인하는 것부터 시작해보자. 이는 사람들의 마음의 벽을 허물고 친목을 다지는 데 아주 좋은 방법이다. 회의에서 안부 인사를 나눌 때와 그렇지 않은 때의 분위기는 다소 차이가 난다. '회의를 시작하면서 회의와는 상관도 없는 이야기를 하는 데 귀한 시간을 허비하는 이유가 뭘까?'라는 의문을 품을지도 모른다. 흥미롭게도 머리를 식힐 만한 이야기를 나누며 분위기를 환기하면, 참석자들의 정신이 가다듬어지는 효과를 볼 수 있다. 그러한 과정을 거치지 않는다면 사람들이 새로운 상황에 온전히 집중하지 못할 가능성이 있다. 그렇게 되면 당연히 회의에 부정적인 영향을 미치게 될 것이다.

회의를 시작하기에 앞서 참석자 모두가 회의에 출석했다는 걸 알리면서 인사를 나누자. 사람들의 눈을 바라보며 회의에 참석해준 것에 감사를 표하는 것도 좋은 방법이다. 이어서 회의 참석자들에게 질문을 던져 각각 대답하도록 유도해보자.

나는 주로 다음과 같은 질문을 한다.

- 현재 기분을 점수로 표현하면 10점 만점에 몇 점이고, 그 이유는 무엇인가?
- 현재 기분을 어떤 단어로 설명할 수 있을까?
- 자신의 인생에서 가장 좋은 부분과 그 이유를 간단히 설명해보자.

회의 초반에 이러한 대화로 친밀감을 쌓아두면 회의 참여도가 전반적으로 높아질 것이다.

거울처럼 따라 하기

영업부 직원들은 고객 앞에서 상대의 움직임을 따라 하거나 몸을 비슷하게 움직이는 행위로 친밀감을 형성한다. 이는 회의를 할 때도 활용할 수 있는 효과적인 기술 중 하나다. 사람들이 앉아 있으면 당신도 앉고, 그들이 서 있으면 당신도 서고, 그들이 몸을 기대고 있으면 당신도 몸을 기대면 된다. 아주 간단하다. 우리가 주의를 기울여야 할 몸짓들은 다음과 같다.

- 시선
- 허리 움직임
- 머리 기울기
- 몸짓
- 앉은 자세

시각적인 신호를 넘어서서 청각적인 신호도 활용한다면 더 큰 효과를 볼 수 있을 것이다. 우리는 대화를 나누는 상대방에 따라 말하는 방식을 달리한다. 부모님, 직장 상사, 고객, 아이들, 배우자에게 말을 건넬 때 각기 다른 목소리를 낸다. 상대가 속삭이면 우리도 속삭이듯 말한다. 상대가 큰 목소리로 말하면 우리도 소리치듯 말한다. 즉 상대방이 목소리를 높이거나 낮추면 우리도 똑같이 목소리를 맞추는 경우가 많다. 청각적인 신호에서 주의를 기울여야 할 요소들은 다음과 같다.

- 음량
- 어조
- 음의 높이
- 빠르기
- 존댓말/반말

단, 말투를 똑같이 흉내 내려는 시도는 별로 권하고 싶지 않다. 쉽게 따라 할 수 없을 것이며, 괜히 당신만 난처해질 것이다!

이러한 행동을 한 번도 시도한 적이 없다면, 앞으로 참석할 회의에서 사람들이 어떻게 움직이고, 앉고, 말하는지 관찰하는 시간을 가지는 것도 좋겠다.

참석자들의 참여 돕기

앞서 언급했듯 회의 참석자들이 친밀감과 안도감을 느끼면 더 많은 생각을 함께 공유하고, 더 질 높은 질문이 오가는 적극적인 회의 분위기가 형성된다. 처음에는 회의 주최자나 진행자가 사람들이 회의에 적극적으로 참여하도록 유도해야 할 수도 있다. 많은 사람들이 회의에서 거리낌 없이 말하고 적극적으로 발언하는 데 어려움을 느끼기 때문이다. 사람들이 회의에 적극적으로 참여할 수 있도록 다음과 같은 방법으로 격려해보자.

- 회의를 시작할 때 생각을 공유하는 게 이번 회의의 목적 중 하나라고 참석자들에게 알리기
- 회의에서 공유하고 싶은 사항이 있는지 확인하기('나누고 싶은 의견, 생각, 제안, 건의 사항, 질문이 있는 분 계신가요?'라고 구체적으로 묻기)
- 이따금 진행을 멈추고 사람들이 생각을 정리한 후 답할 수 있는 여유 주기
- 정기 회의일 경우 참석자들이 돌아가며 의장이나 진행자 역할 하기

적용 사례: 친밀한 관계를 빠르게 쌓는 기술 익히기

미셸은 시간이 곧 돈이라는 확고한 생각을 가진 사람이다. 그는 호주에서 가장 성공한 여행 상담원 중 한 명이고, 나는 '탁월함 관찰'이라는 프로젝트를 통해 그가 일하는 모습을 이틀 동안 가까이서 지켜보는 기쁨을 누렸다.

미셸은 시간과 고객을 관리하는 데 아주 뛰어난 사람이었다. 그가 속한 여행사의 다른 상담사들은 고객 상담을 하는 데 평균적으로 40~50분 정도가 걸렸다. 매장의 매니저이자 가장 경험이 풍부한 상담원이었던 미셸은 거의 하루 종일 고객과 상담을 해야 했지만, 그렇게 바쁜 와중에도 개인 업무와 팀 지원 업무까지 모두 소화해냈다. 그의 능력은 친밀감을 빠르게 형성하는 모습에서도 확인할 수 있었다.

미셸은 다음과 같은 명확한 업무 체계를 가지고 있었다.

- 잠재 고객을 파악하고 고객의 요구 사항 이해(약 10분)
- 고객의 요구 사항에 맞는 여행 상품 탐색(약 5분)
- 탐색 이후 절차 추진, 결제 진행, 견적서 발행(약 5분)

여행을 자주 떠나는 고객의 증언에 따르면, 여행 상담원의 평균 계약 성사율은 36% 정도라고 한다. 미셸의 계약 성사율은 80%가 넘는다. 고객들은 미셸을 대단히 좋아한다! 맞다, 심지어 나도 그 고객들 중 하나다.

잠시 호흡하기

회의 초반에 정신을 가다듬고 생각을 정리할 시간을 갖자. 심호흡을 세 번 정도 반복하며 회의에 어떤 식으로 참여하고 기여하면 좋을지 생각해보는 건 어떨까.

주위에서 목격할 수 있는 친밀한 관계들을 관찰해보자. 식당에 앉아 있는 사람들을 지켜보고 그들이 어떤 몸짓으로 어떻게 서로에게 친밀감을 표하고 있는지 관심을 기울여 살펴보자. 그들이 같은 자세로 앉아 있는지, 혹은 각자 다른 자세인지 확인해보자.

회의실에서 자신이 어떤 모습인지도 한번 돌아보자. 언제 다른 참석자들과 친밀감을 느끼고, 언제 거리를 느끼는가? 당신과 함께 일하는 사람들에게 얼마나 관심을 기울이고 있는가? 그 사람들에게 아이, 반려동물, 취미 등이 있는지 알고 있는가? 그들은 지난 휴가를 어디서 보냈는가? 그들이 좋아하는 스포츠나 연예인을 떠올릴 수 있는가? 함께 일하는 사람들에 대해 제대로 알아보자. 당신이 속한 조직에는 당신이 그다지 잘 알지는 못하지만 당신의 업무 목표를 달성하기 위해 꼭 필요한 사람들이 있을 것이다. 최근에 다른 사람과 친해지기 위해 시간을 낸 적이 있는가?

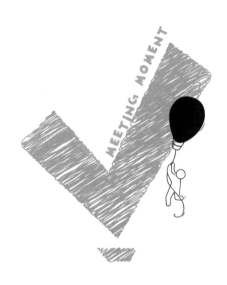

참석자 전원의 회의 참여도를 높이자

» 회의 참석자들이 각각 회의에서 무엇을 해주기 바라는지 사전에 알려주자.

» 모두가 안심할 수 있는 환경을 만들고 친밀한 관계를 형성하기 위해 안부를 나누는 시간을 활용하자.

» 팀 리더 혹은 회의를 이끄는 진행자로서 말을 많이 하기보다는 사람들에게 질문을 많이 던지자.

원하는 결과 내기

회의는 업무의 질을 높이는 수단이 되어야 한다. 그러나 많은 사람들은 회의가 우리의 '실제 업무'를 방해하고 지연시키며 일의 가치를 떨어뜨린다고 느낀다. 그렇기에 25분 회의가 올바른 방향으로 나아가려면 25분 동안 진행될 회의에 세밀하게 정리된 엄격한 체계가 있어야 한다.

우선 25분 회의의 구성 요소를 확인해보자.

- 3개 미만의 의제, 안건
- 소규모 인원
- 회의 참여 원칙(시간 엄수, 회의 준비 등)
- 일상적인 업무 기능

25분 회의를 제대로 실천하려면 반드시 필요한 사항들이다. 이 요소들을 간과한다면 회의를 체계적으로 운영하는 데 어려움을 느낄 것이다.

1983년에 짐 샤논, 프랭크 번스, 린다 넬슨이 구축한 '관찰, 집중, 실행Scan, Focus and Act'이라는 규칙이 있다. 이 규칙은 최대 120명이 참가하는 대규모 회의에 사용되어 왔다. 효과가 입증된 이 모델을 25분 회의에 맞게 변형해보았다.

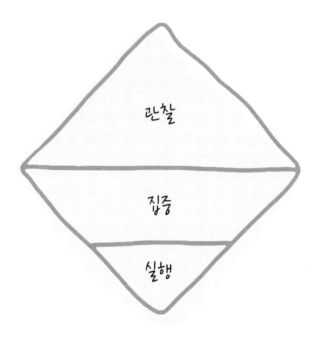

관찰, 집중, 실행 규칙

- 진지하게 분석해보자. 우리는 무엇을 위해 이곳에 모였는 가? 이 회의가 필요한 이유는 무엇인가? 참석자들은 회의 를 위해 무엇을 해야 하는가? (약 12분 소요)
- 핵심 사항에 집중하자. 우리가 주의를 기울여야 하는 지점 이나 명확히 결정해야 하는 사항이 무엇인지 2~4개로 추 려서 고민해보자. (약 5분 소요)

- 행동을 취하자. 이제 우리는 무엇을 하면 좋을까? 어떤 조치가 필요한가? 다음 단계를 위해 무엇을 해야 하는가?

  (약 5분 소요)

관찰하기

관찰은 논의할 주제의 전후 배경을 이해하는 것을 말한다. 예를 들어, 회의 중에 어떤 결정을 내리기 전에 12분 정도 시간을 할애해서 과거, 현재, 미래 상황을 살펴보는 것이다.

- '과거에 우리는 무엇을 배웠는가?'
- '현재 우리의 상황은 어떤가?'
- '앞으로 어떤 상황이 펼쳐지길 바라는가?'

상황을 관찰하는 방법은 여러 가지가 있다. 도움이 될 만한 방법 몇 가지를 살펴보자.

- **스왓SWOT 분석하기:** 강점(어떤 효과가 있는가?), 약점(어떤 부작용이 있는가?), 기회(무엇을 할 수 있는가?), 위협(어떤 위협이 존재하는가?). 각 분석에 3분씩 시간을 들여서 상황을 파악해보자.

- **거시환경분석PEST 실행하기:** 외부 상황을 파악하기 위해 정치적, 환경적(혹은 경제적), 사회적, 기술적 요소를 파악하고 분석하는 데 3분씩을 할애하자. 당면한 상황에 영향을 줄 만한 외부 환경 요소에 초점을 맞추는 게 중요하다.
- **간단한 질문하기:** 지금 무슨 일이 벌어지고 있는가? 외부 사람들의 의견은 어떤가?

**검토하고 토론할 시간이 주어지면
회의 참석자들은 큰 그림을 통해 상황을 제대로 판단하고
올바른 결정을 내릴 수 있을 것이다**

집중하기

종종 사람들은 회의 주제에서 벗어난 이야기를 끊임없이 해댄다. 회의 주제를 명확히 파악한 다음, 논의해야 하는 몇 가지 아이디어와 주제를 파악하는 시간을 8분 정도 가지자. 논의하기로 한 주제에서 벗어나지 않는 토의를 하는 것이 무엇보다 중요하다!

일단 회의 참석자들에게 핵심적으로 논의해야 하는 사항을 결정하자고 제안한 후, 자유롭게 의견을 나누도록 하자. 논의 안건은 2~4개로 정하는 게 가장 이상적이다. 핵심 안건을 결정할 때 다음 방법들을 시도해보는 건 어떨까.

- **간략하게 메모하기:** 참석자 전원이 집중적인 논의가 필요한 안건을 포스트잇에 적어서 제출한다. 모든 포스트잇을 펼쳐놓고 중복되는 내용별로 분류한 뒤, 핵심 안건을 가려내보자.

- **투표로 의사 확인하기:** 간단한 투표로 주제를 결정하자. 여러 주제를 칠판이나 종이에 정리한 후, 참석자 전원이 스티커로 투표를 실시한다. 모두에게 스티커를 3개씩 나누어 주고 한 항목에 스티커 3개를 모두 붙이거나 여러 항목에 나누어 붙여도 된다는 규칙을 활용하면 결정은 더 쉬워질 것이다. 사람들이 스티커를 모두 붙인 후에 결과를 확인하기만 하면 된다!

- **득점표 활용하기:** 비용, 소요 시간, 필요한 자원, 위험 정도 등의 의사 결정 기준을 세우자. 추려낸 아이디어에 항목별로 점수를 매겨보자. 10점 만점을 기준으로 삼으면 수월할 것이다. 점수가 가장 높은 세 가지 아이디어를 최종안으로 선정한다.

- **간단한 질문하기:** 우리가 논의해야 할 가장 중요한 사안은 무엇인가? 아이디어를 실행하는 데 방해가 되는 요인은 무엇인가?

실행하기

어떤 회의든 마지막 5분 동안은 앞으로 할 일을 논의해야 한다. 다음 절차는 무엇인지, 이제 무엇을 할 것인지를 구체적으로 나눠야 한다는 말이다. 많은 경우 이러한 논의에는 합의가 필요하다. 회의 참석자가 많으면 많을수록 의견이 충돌할 가능성이 높아진다. 그렇기 때문에 앞으로 할 일을 합의하는 단계가 회의에서 가장 어려운 영역이 될 수도 있다.

여러 조직을 돌아다니고 분석하면서 내가 알게 된 한 가지 사실이 있다면, 우리는 모두가 만족할 만한 아이디어를 발견하여 원만한 합의를 이루기를 꿈꾼다는 것이다. 직장에서 합의를 도출하는 과정은 가족들과 저녁 메뉴를 결정할 때와 마찬가지로 결코 생각만큼 평화롭지 않을 것이다. 만장일치를 이루는 것은 그보다 더 어려울 수 있다. 따라서 우리는 다음과 같은 도구들을 활용해야 한다.

- **즉각적인 합의 이루기**: 최종 결정을 내릴 때, '아주 만족한다', '만족한다', '보통이다', '불만족스럽다' 등의 기준을 세워서 최종안에 대한 만족도를 다 함께 평가해보자. (모두가 최종안에 만족할 거라는 기대를 하지 않도록 주의하자.) 만약 만족스럽지 않다는 반응이 많거나 최종 결정에 격렬

히 반대하는 사람이 있다면, 다시 회의를 잡고 안건을 차근차근 검토하는 것도 하나의 해결책이 될 것이다.

- **육하원칙으로 간단히 정리하기:** 누가, 무엇을, 언제, 어디서, 어떻게, 왜 할 것인가 또는 누가, 누구와 함께, 언제, 어디서, 무엇을, 어떻게 할 것인가 등으로 정리해보자. 상황에 맞게 요소를 선택하거나 다른 조건을 추가하면 더 완벽하게 정리될 것이다.

- **간단한 질문하기:** 오늘 우리가 얻은 성과는 무엇인가? 앞으로 어떤 조치를 취할 것인가? 이 문제를 논의하기 위해 언제 다시 모일 것인가? 이번 회의에서 논의하지 못한 게 있다면 무엇인가? 어떤 안건을 더 집중적으로 검토해야 하는가?

적절한 시간 분배하기

다음 그림은 관찰, 집중, 실행에 시간을 얼마나 들여야 하는지를 직접적으로 보여준다. 물론 상황에 맞게 유동적으로 시간을 분배해도 괜찮지만, 실행 단계를 위한 5분은 줄이지 않고 꼭 지켜 주었으면 한다.

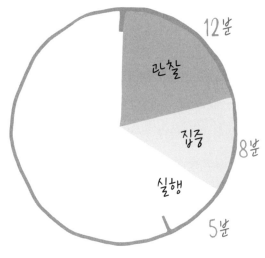

관찰, 집중, 실행의 시간 분배

회의를 시작한 지 20분이 다 되어간다면, 토론이 어느 정도 진행되었든 간에 실행을 의논하는 것이 좋다. 흐름을 멈추고 회의 상황을 파악한 후, 앞으로 진행할 일을 합의해야 한다. 25분 회의를 한 번 더 실행하기로 합의를 봐도 좋다. 어떤 방향으로 결론을 내리든 해야 할 일에 대해 의논하는 시간은 반드시 필요하다.

25분 회의가 효과를 발휘하는 건
참석자들이 지나치게 많이 생각하고 과도하게 떠들기에는
시간이 부족하기 때문이다

우리는 한정성, 긴급성, 명확성의 원리를 활용해야 한다. 가장 먼저 낸 아이디어가 가장 좋은 아이디어일 때도 있다. 너무 많이 생각하거나 분석하면 상황이 더 혼란스러워질 수 있다. 최근에 발표된 연구들에 따르면 선택 사항이 지나치게 다양하면, 선택하는 데 너무 많은 에너지를 소모하게 된다고 한다. 실제로 뉴욕대학교에서 수행한 연구에서는 '선택에 창의력을 요구하지 않을수록 창의성이 강화된다'는 흥미로운 사실이 밝혀졌다. 선택권이나 선택 사항이 적을수록 더 창의적인 해결책을 얻을 수 있다는 이야기다.

적용 사례: 관찰, 집중, 실행 규칙 실천하기

내 동료 리즈는 최근에 한 고객사와 회의를 진행해야 했다. 회의 전에 고객들과 가벼운 대화를 나누던 리즈는 60분이나 회의를 진행하는 건 그들에게 도움이 되는 방향이 아니라는 확신이 들었다.

리즈는 관찰, 집중, 실행 규칙을 적용한 25분 회의를 진행하기로 결정했다. 12분 동안 그는 그들에게 무슨 일이 벌어지고 있는지 설명해달라고 부탁했다(관찰). 그리고 나서 리즈는 '여러분이 할 수 있는 일 중에 당장 효과를 낼 수 있는 건 뭐가 있을까요?' 하

고 물었다. 그들이 적절한 전략 몇 가지를 찾아내는 데 8분 정도
가 걸렸다(집중). 리즈는 그들이 선택한 두 가지 핵심 전략을 효
율적으로 실행할 계획을 세워서 사람들과 5분간 나누었다(실행).

리즈는 당장 해결해야 하는 모든 문제를 논의했다고 공지했
다. 회의 참석자들은 회의 결과와 25분 회의 절차에 모두 대단히
만족했다고 한다.

상황에 맞게 적용하라

자신의 업무와 상황에 맞게 관찰, 집중, 실행
규칙을 새로 세우자. 새로운 규칙이 효율적으
로 기능할 수 있도록 각 단계에 적절한 시간
을 분배해보자.

'회의 진행 계획표'를 활용하여 25분 회의에 필요한 진행 절차와 그에 따른 시간 분배를 미리 계획해보자. 상황에 맞게 표를 직접 채워보자. 아래 표에서 실행 시간을 제외한 나머지는 상황에 따라 유동적으로 작성한다.

관찰, 집중, 실행 규칙을 다음 회의에 적용해보자. 나아가 규칙을 효율적으로 활용하기 위한 여러가지 방법을 시도해보자. 이 규칙은 프레젠테이션을 구상하고, 이메일을 작성하고, 문서와 보고서를 검토할 때도 적절한 도구로 사용할 수 있다.

회의 진행 계획표

구성 요소	진행 절차	(소요) 시간
관찰	대화를 통한 고객사의 상황 파악	12분
집중	당장 효과를 낼 수 있는 전략 분석	8분
실행	핵심 전략 1 _____ 핵심 전략 2 _____	5분

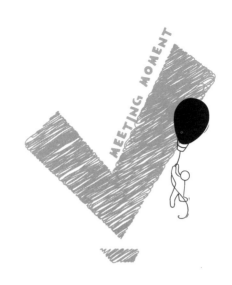

효율적으로 회의를 진행하자

>> 회의 진행 절차와 각 절차에 배정된 시간을 사람들에게 미리
   알려준다.

>> 회의록을 작성할 사람을 지정한다.

>> 정해진 시간과 의제를 고수한다.

>> 주제에서 벗어난 대화나 쟁점 사안 등으로 대화가 넘어가지
   않도록 주의한다.

진행 상황 관리

나는 15년이 넘는 시간 동안 수첩에 회의록을 작성해온 어떤 팀장을 알고 있다. 그의 회의록에는 회의에서 합의된 사항과 누가 무엇을 실행할 것인지가 적혀 있다. 그렇게 회의록을 작성하는 건 좀 시간 낭비가 아니냐고 그에게 물어본 적이 있었다. 그는 아주 진지한 어조로 합의된 사실을 왜곡하거나 잊어버리는 사람이 얼마나 많은지 설명해주었다. 그의 믿음직한 회의록 수첩 덕분에 수많은 회의가 제자리를 찾을 수 있었다고 한다!

업무 기록과 계획 실행 측면에서 볼 때, 회의록을 작성하는 것은 매우 유용한 습관이다. 인지심리학자 조지 밀러George Miller가 1960년대에 실시한 연구들에 의하면, 우리의 단기 기억 용량은 고작 5개에서 9개 사이라고 한다. 평균 용량이 7개에 불과한 것이다. 밀러는 '단기 기억 용량'이라는 표현을 통해 사람이 단기간에 기억할 수 있는 정보의 양이 7±2개라고 정리했다.

회의에 참석할 때 당신은 발언하는 사람, 발언 내용, 그 발언에 대한 당신의 생각 등 몇 가지 정보를 뇌에 한꺼번에 저장한다. 당신은 회의실 분위기, 회의실 의자의 편안함(또는 불편함), 옆에 앉은 사람, 짜증이 날 정도로 볼펜을 딸깍거리는 그의 습관, 회의 이후 일정까지 한꺼번에 기억 속에 저장할지도 모른다. 계산해보니 당신은 이 상황에서 이미 다섯 가지를 기억하고 있다. 이처럼 여러 정보를 동시에 받아들이는 우리가 회의에서 합의된 사항을 정확하게 기억할 수 있다고 여긴다면 그건 터무니없는 생각이다.

물론 당신은 기억력이 아주 좋은 사람일 수도 있다. 하지만 그건 굉장히 운이 좋은 경우이며, 회의 참석자 전원이 비상한 기억력을 가지고 있을 리는 없다. 생산적인 회의를 위한 해결책을 제공하는 로켓미팅즈Rocket Meetings에 따르면, 회의 참석자 중 40% 이상이 회의 결과를 제대로 기억하지 못한다고 한다. 게다가 회의 참석자 중 20%는 실제로 결정된 회의 결과와는 전혀 다른 내용을 언급하며 기억 왜곡 현상을 보인다고 한다. 이러한 연구 결과를 살펴봤을 때, 사람들이 회의에 품는 가장 큰 불만 중 하나가 회의에서 합의된 사항이 제대로 실현되지 않는 점이라는 건 그다지 놀라운 일이 아니다.

25분 회의에서도 합의된 회의 결과를 기록하는 건 매우 중요한 일이다. 가장 좋은 방법은 회의가 끝난 후, 합의 사항을 다시 확인할 수 있도록 회의 참석자 전원에게 이메일을 보내는 것이다. 육하원칙을 사용하여 회의록을 작성한다면 추후에 이메일을 보낼 때 도움이 될 것이다.

회의에서 결정된 사항들을 바탕으로 참석자들은 각자 자신이 맡은 업무를 제대로 파악하고 있어야 한다. 다음에 제시된 표처럼 회의 결과를 정리한다면, 업무를 원활하게 처리할 수 있을 것이다.

진행 절차의 예

누가	무엇을	언제	어떻게	왜
도나	회의 내용 및 합의 사항 공유하기	오늘	이메일	순조로운 업무 진행을 위해
빌	업무 처리가 더딘 공급업체 3사와 연락	이달 14일	전화 및 직접 만나기	최근 납품이 지연된 원인을 파악하기 위해
소피	재무 담당자 밥과 논의	다음 주 월요일	직접 만나기	공급업체 대금 지불 절차를 파악하기 위해
빌	최고경영자와 통화	이달 19일	화상 통화	공급업체의 납품 지연에 대한 보고를 올리기 위해

내 친구 레이첼은 회의에서 실행 단계를 논의할 때, 핸드폰으로 실행 계획, 할 일, 합의 사항 등을 곧장 정리한다. 레이첼처럼 습관을 들인다면 회의가 끝나자마자 참석자 전원에게 회의 결과를 전달할 수 있을 것이다. 내 동료 데이비드도 일대일 회의에서 같은 방식으로 회의록을 공유한다. 그는 회의록을 작성할 때는

전자 기기를 사용할 수 있도록 상대방과 합의하여 회의 종료 5분 전에 노트북을 꺼내서 회의 결과를 받아 적는다고 한다.

적용 사례: 효율적인 회의 기획하기

웹 디자이너인 스튜어트는 회의를 통해 프로젝트 진행 상황을 고객들과 공유하고 일정을 관리한다고 한다. 예전에는 1시간 일정으로 회의가 잡히는 게 일상이었고, 고객들이 횡설수설하거나 주제에서 벗어난 이야기를 하는 일이 종종 발생해 회의는 대체로 1시간을 꽉 채워서 진행됐다. 또한 회의가 끝난 뒤에 고객들이 자신이 해야 할 일이나 마감 일정을 제대로 숙지하지 못해서 프로젝트가 지연되는 경우도 잦았다. 스튜어트가 웹 디자인 작업을 차질없이 진행하려면 담당자가 필요한 이미지와 원고, 피드백 등을 제때 전달해주어야 했다. 그러나 고객이 일정을 잊고 착각하는 경우가 발생해서 스튜어트는 끔찍한 시간 압박과 스트레스에 시달려야 했다.

결국 스튜어트는 앞으로 25분 회의를 하겠다는 결단을 내렸다. 그는 바로 고객들의 담당 업무와 해당 업무의 마감일을 정리하여 그들에게 메일로 전달했다. 스튜어트는 마감일이 임박하면 고객들에게 다시 확인 이메일을 보내곤 했다.

스튜어트가 새로운 방식을 취하자 놀랍게도 즉시 효과가 나타났다! 함께 집중력을 발휘하자 거의 모든 회의가 25분 안에 끝났다. 프로젝트는 순조롭게 진행됐고 업무가 지연되는 일도 줄어들었다. 스튜어트의 고객들은 그의 효율적인 업무 처리 방식에 대단히 만족했다!

회의 결과를 공유하라

회의 결과를 회의 참석자들이 쉽게 볼 수 있는 장소에 붙이거나 적어두자. 결정 사항을 담은 사진이나 문서를 참석자 전원에게 전송하는 방법도 있다.

실천! 25분 회의

당신이 참석하는 회의에서 합의 사항, 할 일, 후속 조치에 관한 논의가 얼마나 잘 이뤄지는지 살펴보자. 논의가 제대로 이뤄지지 않는다면, 직접 회의 진행자 역할을 맡아 다음과 같은 질문을 해보자.

- 당장 실행해야 할 일은 무엇인가?
- 그 일의 마감일은 언제인가?
- 그다음에 해야 할 일은 무엇인가?

앞의 질문과 답안을 핸드폰이나 문서에 정리하거나, 화이트보드에 기록해두자. 그리고 회의가 끝나자마자 사람들과 내용을 공유하자. 회의를 통해 결정된 사항을 기록할 때는 앞에 등장했던 '진행 절차의 예'를 활용해보자.

더 과감한 시도를 해보고 싶은가? 4장의 안젤라처럼 해보는 건 어떨까? 회의 진행에 난관이 닥친 것 같다면 적절한 조치가 이뤄지도록 진행자 역할을 맡아보자.

당신도 알다시피 안젤라는 회의 중에 다음과 같은 질문을 던졌다. 안젤라의 질문에서 힌트를 얻는 건 어떨까?

- 각자 정리한 생각을 1분씩 말씀해주시겠어요? 참석자 전원이 발언 기회를 얻을 수 있도록 타이머를 사용하는 게 어떨까요?
- 본 프로젝트의 진행을 방해하고 지연시키는 요소는 무엇인가요?
- 방해 요인들을 해결하기 위해 우리가 할 수 있는 일은 무엇일까요?
- 프로젝트를 원활하게 추진하기 위해 다음 회의가 열리기 전까지 각자 어떤 일을 해야 할까요?

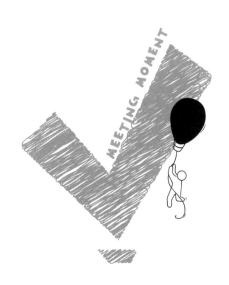

업 무 진 행 상 황 을 꼼 꼼 히 확 인 하 자

» 이번 회의를 왜 여는지, 회의에는 누가 참석하는지, 회의는 언
제 어디서 진행되는지를 간단하게 정리하여 회의 참석자들
에게 미리 공지하자.

» 회의가 끝난 후 회의에 참석하지는 않았지만, 해당 프로젝트에
연관되어 있거나 관심을 보이는 동료들에게 회의 결과를 요약
하여 전달하자.

» 회의 날짜와 업무 마감일을 일정표에 깔끔하게 정리하여 일정
을 언제든지 확인할 수 있도록 하자.

THE
25
MINUTE
MEETING

PART 3

25분

회의에

가치 더하기

25분 회의는 복잡해서는 안 된다. 간단해야 한다. 간단명료한 일을 꾸준히 올바르게 실천하는 것이야말로 좋은 결과를 얻을 수 있는 비법이다. 정해진 시간을 잘 지키고, 주어진 업무를 완수하는 것에 중점을 둬야 한다. 그러기 위해서는 25분 회의를 효율적으로 진행해야 하며, 참석자들이 적극적으로 참여하여 생산적인 활동을 할 수 있도록 환경을 구성해야 한다.

이러한 기본적인 사항을 명확히 숙지했는가? 그렇다면 다음 단계로 나아가보자. 한층 더 훌륭한 회의로 향하는 몇 가지 길을 확인해보자. 3부에서는 25분 회의의 효과를 극대화할 수 있는 세 가지 영역을 살펴보고자 한다.

- **원격 회의를 활용하자.** 종종 우리는 다른 지역에 있는 사람들이나 다른 국가에서 근무하는 동료들과 한 팀이 되어 업무를 진행하게 된다. 그렇기 때문에 25분 회의를 그들과 함께 효율적으로 진행할 방법을 찾아야 한다.
- **다양한 변화를 주자.** 회의는 지루하고 힘이 빠지는 활동이라는 편견을 버려야 한다. 우리는 업무 능률과 생산성을 높이는 동시에 에너지를 얻고 기운을 받는 회의를 꿈꾸며 나아가야 한다.
- **시각적으로 사고하자.** 더 효율적이고 능동적인 회의를 위

해 신경 과학 분야의 이론을 적용해볼 수 있을 것이다. 여
러 시도를 통해 회의의 질을 높여보자.

원격 회의

다양한 변화

시각적 사고

25분 회의의 효과를 높이는 세 가지 방법

7

효율적인 원격 회의를
진행하다

　내가 교육하고 돕는 경영 훈련 그룹 구성원들은 회의 이야기
만 나오면 끙끙 앓는 소리를 낸다. 내가 원격 회의나 화상 회의를
언급하면 그 앓는 소리는 한층 더 요란해진다. 그러나 요즘 같은
세상에 원격 회의의 필요성을 인지하지 못하는 사람은 드물 것이
이다. 먼 곳에 있는 팀원이나 팀과 함께 업무를 진행할 때 활용할
수 있는 좋은 수단이기 때문이다. 이미 많은 사람들이 일대일 전
화 통화, 그룹 통화, 화상 회의 등 다양한 방법으로 새로운 회의
방식의 장단점을 두루 경험하고 있다.

　야후의 최고경영자였던 마리사 메이어Marissa Mayer가 '일하기
가장 좋은 곳은 소통과 협업이 원활히 이루어지는 현장이다. 그
러므로 우리는 함께 일해야 하며, 우리 모두가 사무실에 나와야

한다'라고 말했던 순간을 떠올려보자. 그 당시에는 멀리 떨어져 있는 팀의 가치를 재고하는 논의가 넘쳐났고, 일부 기업은 재택 근무 정책을 철회하는 움직임을 보이기도 했다. 대부분의 사람들은 그런 흐름이 언제 어디서든 근무가 가능한 환경에 대한 요구와 관심을 억누를 수도 있을 거라고 생각했다. 그러나 그런 일은 일어나지 않았다. 오히려 점점 더 많은 사람들이 세계 곳곳에서 근무하는 동료들과 협업해야 하는 현실을 체감하게 되었다.

멀리 떨어진 채 함께 일을 진행하다 보면 근무 시간은 더 늘어나고 업무 효율은 더 떨어지는 상황이 종종 발생한다. 그렇기 때문에 온라인팀이나 글로벌팀으로 일을 할 때는 25분 회의 원칙을 지키는 것이 더욱 중요하다. 먼 거리에 있는 사람과 팀을 이룬 경우에는 서로 다른 시간대, 기술의 차이, 언어와 표현의 장벽 등의 문제를 잘 처리해야 한다. 그래야 효과적인 회의를 진행할 수 있을 것이다.

실제로 원격 회의를 진행하다 보면 다양한 어려움을 마주하게 된다. 원격 회의 참석자들의 주요 불만 사항은 다음과 같다.

- 사람들이 회의에 완전히 집중하지 않고 이메일을 확인하거나 다른 업무를 동시에 진행한다. 심지어는 음소거 설정을 해놓고 옆의 동료와 잡담을 나누기도 한다.

- 발표자나 진행자가 준비한 슬라이드만 줄줄 읽는다. 자유롭게 질문을 하거나 의견을 주고받는 분위기가 조성되지 않는다.
- 회의와 관련 없는 내용을 많이 나누며 너무 오랫동안 회의가 지속된다.

이와 같은 문제들은 1부와 2부에서 알아본 25분 회의의 기본 원칙을 바탕으로 개선해나갈 수 있다. 그러나 더 효율적인 25분 원격 회의를 실행하기 위한 여러 요령, 도구, 기술이 존재한다. 다음 내용을 통해 이를 차근차근 알아보자.

카메라 활용하기

나는 카메라 없이 원격 회의를 진행하는 때가 거의 없다. 카메라는 참석자들을 더 긴밀하게 연결해주며 청각적 상호 작용만으로는 얻을 수 없는 시각적 신호를 나눌 수 있도록 도와준다. 물론 예외적인 상황도 있다. 미국에 있는 동료들과 심야 회의를 할 때, 내 잠옷 차림을 굳이 모두에게 보여줄 필요는 없으니 말이다.

나와 프로젝트를 추진했던 한 회사는 직원들에게 카메라와 노트북을 제공하고, 회의실에 고가의 스크린과 화상 회의 시설을 설치하는 등 화상 회의에 많은 노력을 기울였다. 인상적인 투자였다.

화상 회의를 진행할 때 유의할 점은 다음과 같다.

- 발언을 할 때는 또박또박 천천히 말한다. 이는 다양한 국적의 참석자들과 함께 하는 회의에서 특히 중요하다. 서로 다른 억양을 듣고 이해하는 데 어려움이 따를 수 있다.
- 천천히 자연스럽게 제스처를 취하고 움직인다. 네트워크 여건에 따라 움직임이 지나치게 빠르면 화면의 재생 속도가 느려지거나 화질이 떨어질 수 있다.
- 카메라를 바라본다. 화면 속 자신의 모습을 바라보지 않도록 한다.
- 회의에 맞는 복장을 갖춘다. 실제로 만나는 게 아니니 격식을 차리지 않아도 된다고 생각하기 쉽지만 결코 그렇지 않다. 전문가다운 모습으로 회의에 임할 필요가 있다.
- 마이크 상태를 확인한다. 주위의 잡음이 마이크를 통해 전달되지 않도록 주의해야 한다. 작동이 어렵지 않다면, 다른 참석자가 말할 때는 마이크를 음소거로 설정하는 것도 좋은 방법이다.
- 손을 들고 말하는 습관을 들이자. 할 말이 있을 때 큰소리로 외치기보다는 손을 들어서 사람들에게 의사를 알리는 게 더 현명하다.

- 집중력을 잃지 않고 참여한다. 직접 만나서 진행하는 회의와 마찬가지로 논의 중인 안건에 끝까지 집중하도록 한다.
- 액세서리와 손목시계를 풀어놓는다. 손목시계가 어딘가에 부딪치고 긁혀서 소음을 내는 걸 방지하자. 긁히는 소리, 쨍그랑하는 소리, 쿵하는 소리, 딸랑거리는 소리를 내는 것은 모두 미리 치워두자.

라디오 방송처럼 진행하기

라디오 방송을 들을 일이 생기면, 라디오 진행자가 청취자를 어떻게 부르는지 주의를 기울여서 들어보자. 보통 라디오 진행자들은 '라디오를 듣고 계신 모든 분들을 환영합니다'라고 말하지 않는다. 그들은 '오늘 저와 함께 해주셔서 감사합니다'라고 인사한다.

그건 그들이 라디오 진행자와 청취자가 일대일 관계라는 걸 인식하고 있다는 의미다. 보통 라디오 청취자는 운전 중이거나, 혼자 책상 앞에 앉아 있거나, 이어폰으로 방송을 듣고 있다. 그렇기 때문에 '모든 분들'이라는 표현은 진행자와 청취자 사이에 벽을 세우는 행위가 될 수 있다.

이러한 현상은 원격 회의를 진행할 때도 고려해볼 수 있다. 음성으로만 진행하는 회의든 화상 회의든 마찬가지다. 라디오 진행자의 기술을 회의에 어떻게 적용할 수 있는지 다음 표를 통해 알아보자.

원격 회의 진행자의 언어

추천하지 않는 발화법	추천하는 발화법
회의에 참석하신 모든 분들을 환영합니다.	회의에 참석한 당신을 환영합니다.
모두들 참석해주셔서 감사합니다.	시간을 내주셔서 감사합니다.
다들 어떻게 생각하시나요?	당신은 어떻게 생각하시나요?
질문이 있는 분 계신가요?	당신은 궁금한 점은 없나요?
그것은 우리 모두에게 달렸습니다.	그것은 당신에게 달렸습니다.
우리 모두가 아주 잘해냈습니다.	당신이 아주 잘해냈습니다.
모두가 동의할 것입니다.	당신은 동의할 것입니다.
우리 모두가	내가/당신이
우리에게 있습니다.	당신에게 있습니다.

회의 참석자들과 원활히 소통하기

앞에서 언급했듯, 회의 참석자는 각자의 역할을 인지하고 있어야 한다. 원격 회의에서 이는 특히 더 중요하다. 회의 운영자는 참석자들이 얼마나 적극적으로 회의에 참여해주었으면 하는지 분명히 밝혀야 한다. 또한 회의는 25분간 진행되므로 모두가 회의에 적극적으로 참여해야 한다는 사실을 그들에게 상기시켜야 한다. 회의 내용과 관련된 특정 자료나 정보를 제공해줄 수 있다는 점을 회의 참석자들에게 미리 공지하자.

원격 회의에서 최상의 결과를 얻으려면 다음과 같은 노력도 필요하다.

- 슬라이드를 공유하기 위해서가 아니라 사람들과 얼굴을 마주하고 소통하기 위해 화상 회의 시스템을 사용한다.
- 다른 회의 참석자들의 시간대를 고려해 그에 맞는 회의 일정을 잡는다.
- 원거리에 있거나 홀로 떨어져 있는 참석자들이 먼저 발언하고 참여할 수 있도록 격려한다.
- 사람들이 편안하게 원격 회의를 진행할 수 있는 회의 공간을 조직 내에 마련한다.
- 회의의 목적을 사람들에게 인식시키기 위해 다양한 소통

방식을 활용한다.

- 정기 회의의 경우 회의 규칙을 참석자 모두가 언제든지 확인할 수 있도록 공유한다.
- 전자 기기 및 시스템을 효과적으로 활용하는 방법에 대한 교육을 실시한다. 사람들이 으레 알고 있을 거라고 미루어 짐작하지 않도록 한다.

적용 사례: 인간적인 관계 쌓기

내가 상하이에서 일할 때, 글로벌팀을 이끌었던 한 팀장이 멀리 떨어져 있는 팀들과 좋은 관계를 맺는 전략을 들려준 적이 있다. 온라인에서 팀이 처음으로 다 같이 모였을 때, 그는 회의를 진행하는 대신 팀원들에게 서로를 알아가는 시간을 가지자고 제안했다. 팀원들은 각자 5분씩 자기 자신, 가족, 반려동물, 취미 등을 나누며 스스로를 소개했다. 직장과 업무에 대한 이야기는 30초 이상 하지 않도록 규칙을 정했다. 팀장은 팀원들이 친밀한 사이가 되도록 돕고자 했다.

팀에 새로운 팀원이 들어오면, 새 팀원과 함께하는 첫 회의에서 그 사람이 안건을 발표하게 했다. 발표를 마치고 난 뒤에는 팀원들이 새 팀원에게 일대일로 접근해 서로를 소개하고 사적인 대화를 나눴다. 팀원들은 서로에게 많은 공통점이 있다는 사실을 발견했고, 프로젝트가 끝난 후에도 계속 연락을 주고받았다. 직접 만난 적은 한 번도 없는데도 말이다.

참석자들과 친밀한 관계를 쌓아라

서로를 이해하고 알아가는 것을 목표로 25분 원격 회의를 잡아보자. 그 회의를 거치고 나면 이후의 회의는 더 유연하고 자유로운 분위기에서 진행될 것이다.

실천! 25분 회의

25분 원격 회의를 진행하게 된다면 여러분 안에 숨어 있는 TV 프로듀서나 라디오 프로듀서를 밖으로 불러내보자. 원격 회의를 토크쇼라고 생각해보자. 어떤 사람이 활발하고 흥미로운 발표를 할 수 있을까? 슬라이드 화면이나 다른 시각 자료를 사용해야 한다면, 어떻게 관련 자료를 더 흥미롭고 매력적으로 만들 수 있을까? 어떤 최신 유행 매체, 소셜 미디어 도구, 동영상 등으로 회의를 시작하는 게 회의 주제에 적합할까? (물론 회의 주제와 관련이 있는 경우에만 이러한 시각 자료를 활용해야 한다.) 서로 소통할 기회를 어떻게 마련할 수 있을까?

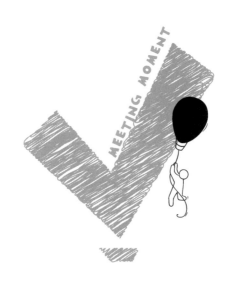

순조로운 원격 회의를 구성하자

» 먼저 구성원 간에 친밀한 관계를 형성하는 데 집중한다.

» 원격 회의를 정기적으로 열 수 있도록 일정을 잡는다.

» 메신저나 회의 전용 프로그램 등 다양한 연락망을 활용하여
원격 회의의 지평을 넓힌다.

8

다양한 변화를 주다

워크숍에 참석한 한 참가자가 자신의 이야기를 내게 들려준 적이 있다. 더 많은 수작업을 자동화하기 위해 컨설턴트들을 고용했던 한 물류 회사에 대한 내용이었다.

수동 방식을 기반으로 한 데이터 입력 화면을 개발할 때, 한 컨설턴트가 '맨 위에 있는 이 AR 항목은 뭐죠? 숫자 0이 입력되어 있군요'라고 말했다. 담당 직원은 어깨를 으쓱하며 '그 자리에는 항상 그 칸이 있었고, 해당란에 숫자 0을 기입해야 한다고 들었어요'라고 답했다. 호기심이 발동한 컨설턴트들은 AR이 무슨 의미인지 밝혀내기 위해 문서 파일들을 조사하기 시작했다. 그들은 수십 년 치의 문서를 모두 훑어보았고, 1945년까지 거슬러 올라가서 해당란에 0이 아닌 다른 숫자들이 적혀 있는 걸 발견했다.

AR은 공습Air Raids의 약어였다. 제2차 세계대전 기간 동안 운송 사업 운영에 영향을 미쳤던 공습 횟수를 기록한 항목이었던 것이다. 1946년부터는 공습이 전혀 일어나지 않았다. 그러나 사람들은 시간이 흐르는 동안 그 횟수를 계속해서 입력해왔고, AR의 의미와 횟수를 기록하는 이유는 점점 잊혔던 것이다! 말도 안 되는 소리 같지 않은가?

회의도 그와 마찬가지일 수 있다. 우리가 그동안 탁자에 마주 앉아서 화면에 띄운 내용을 빤히 바라보며 회의를 해왔다고 해서 앞으로도 꼭 그렇게만 회의를 해야 하는 건 아니다. 변화는 휴식만큼이나 좋다는 말이 있다. 우리의 사고방식, 회의 장소, 회의 진행 방식에 변화를 부여해보자. 변화는 우리에게 더 훌륭한 효과를 안겨줄 수 있다. 회의에 대한 고정 관념에서 벗어나 보자.

일어서서 회의하기

아주 더운 방에 앉아 있다고 상상해보자. 머리 위에서는 희미한 소리들이 어렴풋이 들리고, 창밖으로는 푸른 하늘이 보인다. 어떤 기분이 드는가? 나른하지 않은가? 혹은 피곤하고 졸린 것 같지는 않은가?

대부분의 직장인들은 끝없는 수면 부족과 과로에 시달리고 있다. 그래서 의자에 구부정한 자세로 편안하게 앉아 있으면 우리 뇌는 자연스럽게 잠잘 시간이라고 착각하기가 쉽다. 어둑한 조명과 슬라이드 화면은 낮잠을 자기에 완벽한 환경을 만들어준다.

미주리대학교의 연구 결과에 따르면, 앉아서 회의를 하면 서서 회의를 할 때보다 회의 시간이 35% 정도 길어진다고 한다. 만약 당신이 회의 시간을 25분으로 줄이는 데 약간의 어려움을 겪고 있다면 서서 회의를 해보는 건 어떨까? 일어서서 회의를 할 때의 장점은 다음과 같다.

- 회의실에 긴장감이 조성된다.
- 발언하는 사람에게 더 집중할 수 있다.
- 졸지 않을 수 있다.
- 주의력과 활력을 높여 주는 엔도르핀이 분비된다.
- 회의에 집중하는 데 방해가 되는 것들이 제거된다(이를테면 서 있는 동안에는 컴퓨터를 들여다보기가 어렵다).
- 상석의 구분이 모호해지므로 평등한 분위기에서 회의를 진행할 수 있다.

그뿐만 아니라 일어서서 하는 회의는 건강에도 더 좋다! 회의를 하는 동시에 칼로리를 태우거나 심장병 위험을 줄일 수 있다고 상상해보라. 자주 서 있으면 칼로리 소모와 심장병 예방에 두

루 도움이 된다. 이러한 사실은 최근에 새롭게 밝혀진 것이 아니다. 의사 베르나르디노 라마치니Bernardino Ramazzini는 오래 앉아서 근무하는 사람들이 겪는 부작용을 1700년대에 처음으로 정리했다. 그는 사람들에게 장시간 앉아 있는 것을 피하고 혈액 순환을 촉진해야 한다고 조언했다.

그러나 일부 연구에 따르면, 너무 오래 서 있는 것도 해로울 수 있다고 한다. 우리가 취할 수 있는 가장 좋은 방법은 앉아 있기와 서 있기를 번갈아가며 실행하는 것이다. 여러 25분 회의 중 일부를 서서 진행한다면 좋은 건강 관리법이 될 것이다.

물론 모든 회의를 서서 할 수는 없는 노릇이다. 특히 허리나 등에 문제가 있거나 서 있는 자세가 불편한 참석자가 있다면 주의를 기울여야 한다. 다음은 25분 회의를 서서 진행할 때 특별히 고려해야 하는 사항들이다.

- 회의를 다 함께 서서 진행할 거라고 참석자들에게 미리 알린다(매우 중요하다!).
- 회의 내용을 어떻게 기록할지 사전에 합의한다. 대화를 녹음하거나 필기하는 등 편리한 방법을 사용한다.
- 사람들에게 편안한 신발과 복장으로 회의에 참석하라고 공지한다.

- 적절한 시간대를 택한다. 너무 늦은 오후에 서서 하는 회의를 제안하면, 피로를 느끼는 이들이 있을지도 모른다.
- 회의 도중에 자리에 앉기를 원하는 참석자가 생기면 그렇게 하도록 한다. 참석자들이 부상을 입거나 몸에 무리가 갈 수 있다는 점을 염두에 둬야 한다.

적용 사례: 문제를 신속하게 개선하기

나와 함께 일했던 한 경영진은 전반적인 회의 구조와 관리 방식에 문제를 느끼고 있었다. 사업 특성상 그들의 업무는 진행 속도가 빨랐고 변화도 자주 이루어졌다. 그러나 당시 그들의 회의는 그러한 업무 성격을 전혀 반영하지 못하고 있었다.

그들은 출석률이 형편없고, 걸핏하면 의제가 바뀌고, 가장 긴급한 문제를 다루는 데만 급급한 팀 회의를 매주 열고 있었다. 회의를 개선하기 위해 그들은 노력하기 시작했다. 직원들은 서서 하는 회의를 매일 열기 시작했으며, 회의 시간을 15분으로 줄였다. 닷새가 되기도 전에 그들은 사내 의사소통 방식에 변화가 일어나고 있다는 걸 감지했고, 튼튼한 신뢰를 쌓아나갔다. 무엇보다 흥미로운 점은 그들의 업무 처리가 신속하고 정확해졌다는 것이다. 그들은 해당 업무에 꼭 필요한 민첩성을 발휘하게 되었다.

산책하며 회의하기

아리스토텔레스와 그의 제자들은 '소요학파peripatetics'다. 이는 '걷거나 산책하다'라는 뜻의 그리스어 '페리파테인peripatein'에서 유래한 것으로, 그만큼 아리스토텔레스는 제자들과 산책하며 학문을 논하는 걸 좋아했다고 한다.

스티브 잡스 또한 진지한 대화를 나눠야 할 때, 산책하면서 회의를 진행하는 걸 선호했다고 한다. 페이스북 최고경영자 마크 저커버그, 트위터 공동창업자 잭 도시, 버락 오바마 전 미국 대통령도 가볍게 걸으며 이야기하기를 즐겼다고 보도된 바 있다.

우리는 하루에 약 9시간 동안 앉아서 생활하며 약 7시간 동안 잠을 잔다. 이러한 생활 패턴은 우리가 몸을 많이 움직이지 않고 있다는 걸 보여준다. 산책을 자주 하면 더 건강한 신체를 얻을 수 있을 것이다.

회의 시간에 반드시 회의실이나 커피숍으로 갈 필요는 없다. 산책을 하며 회의를 진행해보자. 경보하듯 힘차게 걸으라고 조언하는 게 아니다. 가볍고 편안한 산책이 적절하다.

카이저 퍼머넌트Kaiser Permanente 종합 건강 증진 센터의 의료팀장 테드 에이탄Ted Eytan 박사는 신경 과학을 근거로 산책 회의를 신봉하는 사람 중 하나다. 그는 우리가 걷고 있을 때 특정 화학 물질이 분비되어 우리 뇌가 더 편안해진다고 주장한다. 이러한 작용은 우리가 업무에 집중하고, 뜻밖의 사건에 대처하고, 전략적이고 창의적으로 사고할 수 있도록 돕는다. 우리가 종종 산책을 하며 이야기를 나눈다면 이전보다 혁신적으로 사고하게 될 것이다.

정처 없이 걷기만 하는 게 아니라, 영감을 줄 만한 장소로 향하는 것도 산책 회의에 도움이 될 수 있다. 특별한 장소가 통찰력에 힘을 불어넣어 줄지도 모른다!

칼로리가 높은 먹을거리 앞으로 가서 산책 회의의 이점을 무색하게 만들지 않도록 주의하자. 당신이 건강을 생각하고 있다면, 산책 회의 도중에 근처 카페로 가서 휘핑크림을 얹은 모카커피와 도넛을 사는 건 별로 좋은 선택은 아니다.

산책은 평등한 관계를 형성하는 데에도 탁월한 효과를 발휘한다. 산책 회의는 많은 인원과 진행하기는 다소 어렵다. 일대일 회의를 진행할 때 산책 회의를 시도하는 걸 추천한다. 회의 참석자 간의 관계 구축이 더욱 효과적으로 이루어질 것이다. 산책 회의는 관계를 편안하게 만들어주는 기능을 하기 때문이다. 특히 자유로운 의견 교환을 방해하는 위계질서를 억누르는 데 산책 회의는 훌륭한 작용을 한다.

요약하자면, 산책 회의로 다음과 같은 효과를 얻을 수 있다.

- 건강 상태가 개선된다.
- 활력을 찾게 된다.
- 창의력이 향상된다.
- 관계가 발전한다.
- 협업이 강화된다.
- 조직 내의 수평적 관계가 구축된다.

산책 회의를 시작하는 건 그리 어렵지 않다. 회의실이나 사무실을 예약하는 대신, 회사 로비에서 동료와 만나기로 약속하고 만나는 즉시 자유롭게 이동하며 회의를 시작하면 된다.

적용 사례: 사무실을 벗어나서 신선한 공기 마시기

몇 년 전에 나는 사무실에서 많은 시간을 보내야 하는 일을 맡았다. 게다가 그 업무를 위해 다양한 회의에 수없이 참석해야 했다. 그러던 어느 날, 한 동료의 제안으로 그와 산책 회의를 진행하게 됐다. 그는 종종 건물 여기저기를 걸어 다니며 산책 회의를 한다고 했다. 그와 회의를 할 때, 나는 승강기 근처에서 그를 만나서 그 즉시 회의를 시작했다. 회의가 25분 이상 지속된 적은 단 한 번도 없었다. 오히려 시간이 남아서 커피를 마시러 가기도 했으며, 주문하기 위해 줄을 서 있는 동안에도 계속해서 의견을 나누었다.

회사 주변이나 인근 공원을 25분 정도 산책하며 업무 관련 보고를 받는 건 생각보다 더 상쾌한 일이다. 사무실을 벗어나 몸을 움직이며 신선한 공기를 마시고 생각을 가다듬을 기회를 직접 만들어보자.

가볍게 생각하자

모든 일에는 다 때가 있으며 모든 사람이 변화를 반기는 것은 아니다. 25분 회의를 인내심을 가지고 조직에 도입하도록 하자. 나아가 각자에게 맞는 회의 방식이 무엇인지 알아보자. 누군가는 서서 하는 회의에 만족할 것이며, 누군가는 산책 회의에 흥미를 보일 것이다!

실천! 25분 회의

즐거운 회의를 위해 독특한 시도를 해본 적이 있는가? 만약 없다면 지금 바로 시작해보는 건 어떨까? 내가 일했던 조직에서 사용했던 다음 방법 중 하나를 도전해보는 것도 좋겠다.

- 회의를 본격적으로 시작하기 전에 먼저 참석자들과 친해진다. 나아가 그 과정에서 적당히 요령을 피우려는 사람들에게 자극이 될 만한 질문(일을 하며 회의감을 느낀 적이 있나요? 어떤 종류의 회의감이었나요? 등)을 던지는 것도 효과적일 것이다.
- 색다른 장소로 가본다. 예를 들면, 농구장에서 회의를 진행한 후 가벼운 농구 게임을 통해 팀에 활력을 불어넣고 창의성을 끌어올릴 수 있겠다.
- 탁구채를 사용해본다. 이미 논의한 내용으로 회의가 다시 돌아가면, 탁구채를 들어 올려서 회의의 방향을 안내해보자.

- 지각자에게 노래를 부르게 한다. 지각을 할 경우 회의가 끝난 후 짧은 동요를 부르게 하자.
- 벌금을 건다. 회의를 방해한 사람들에게 벌금을 물리고 그 벌금을 모아서 자선 재단에 기부해보자.
- 회의 시간을 미리 정하고 칼같이 지킨다. 25분이 되는 순간, 하던 대화를 그대로 끝내고 모두 일어나서 나가는 것이다. 회의 종료 5분 전에 타이머를 설정해두고, 마지막 5분간은 서서 회의를 진행하는 건 어떨까? 회의를 제시간에 마쳐야 한다는 긴박감을 다 함께 느낄 수 있을 것이다.

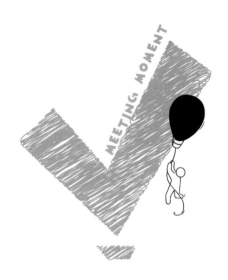

다 양 한 변 화 를 주 자

» 서서 하는 회의를 시도해보자. 처음 도전할 때는 짧은 시간 동안 도전해보자.

» 생산성을 높이기 위해 소규모로 산책 회의를 시도해보자.

» 자신에게 가장 잘 맞는 회의 방식을 찾아보자. 회의 시간이 얼마나 즐거워질 수 있는지 경험해보자.

9

시각적으로 사고하다

디지털 데이터 전문 기관인 라이트스피드Lightspeed는 일련의 실험을 통해 그림이 단어보다 두 배는 빠르게 의미를 전달한다는 사실을 밝혀냈다. 다음 그림이 그 예시다.

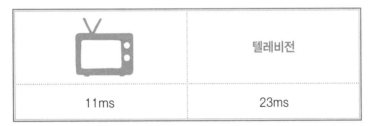

	텔레비전
11ms	23ms

그림과 단어의 정보 처리 시간

원하는 메시지를 더 빨리 전달할 수 있다면, 한결 더 쉽게 25분 회의를 실천할 수 있을 것이다. 어떻게 이미지를 활용하면 좋을지 살펴보도록 하자.

우리는 시각 자료를 다른 자료들보다 더 빨리 처리할 뿐 아니라 더 오래 기억한다. 《멀티미디어 러닝Multimedia Learning》의 저자 리처드 메이어Richard Mayer에 의하면 어떤 정보를 구두로 전해 들을 때 우리 뇌는 3일 후 그 정보의 약 10%만을 기억한다고 한다. 그런데 그 정보에 그림이 추가되면 그 수치가 65%까지 올라가게 된다.

한 장의 그림은 1,000개의 단어를 담고 있다는 말을 들어본 적이 있는가? 문자 그대로 시각 자료의 힘은 그만큼 강력하다. 지금 당신이 읽고 있는 각 문자도 (어떤 언어든 간에) 따지고 보면 일종의 그림이다. 글을 배우는 것은 개별적인 그림을 하나의 문자로, 여러 문자를 모아서 하나의 단어로, 또 여러 단어를 모아서 한 문장으로 인식하도록 우리 뇌를 학습시키는 과정이다. 슬라이드에 적힌 글을 읽을 때 우리 뇌는 문자나 단어가 지닌 각각의 의미를 인지해야 한다. 그러나 그림은 보는 즉시 뇌가 그 의미를 인식한다.

모국어가 다른 팀원이 있는 경우, 그림은 더욱 효과적인 역할을 할 것이다. 그림은 글보다 보편적인 성격을 띤다. 나무 그림은 우리가 사용하는 언어와 상관없이 그저 나무 그 자체로 인식된다.

당신도 알다시피 사람들이 비판하는 회의의 문제점 중 하나는 프레젠테이션용 슬라이드가 문자로 가득 차 있다는 것이다. 언젠가 어떤 사람이 파워포인트는 시각적 매체이므로 슬라이드 화면에 담긴 단어들도 시각 자료에 해당한다고 주장하는 걸 들은 적이 있다. 기술적으로 보면 맞는 말일 수도 있지만, 슬라이드 화면에 담긴 단어들은 뚜렷한 메시지가 담긴 그림과는 분명한 차이점을 보인다. 단어를 이해하는 것이 그림을 인지하는 것보다 훨씬 오래 걸린다. 또한 그림이 오해의 여지가 훨씬 적다.

'지난 분기 대비 매출이 기하급수적으로 증가하고 있다'고 말하는 대신 다음과 같이 그림으로 보여줄 때의 효과가 어떨지 한 번 생각해보자.

매출 증가에 관한 시각적 표현

물론 모든 회의에 슬라이드가 필요한 건 아니다. 지나치게 많은 슬라이드가 고통스러운 회의를 만드는 원인 중 하나라는 걸 생각하면 더욱 그렇다. 시각 자료는 의미를 분명히 전달하는 데 큰 도움이 된다. 그러나 아무리 그렇다고 하더라도 형편없는 시각 자료는 회의의 질을 떨어뜨리고 흐름을 방해할 수 있다. 시각 자료를 잘 살펴보고 그 자료가 참석자들에게 얼마나 도움이 될지 곰곰이 생각해보는 게 중요하다.

요점을 강조하기

나는 2014년에 《펜이 슬라이드보다 강하다The Pen Is Mightier than the Slide》를 출간했다. 이는 어떤 회의든 상관없이 모든 회의에 슬라이드 화면을 사용하던 한 회사에서 내가 2년 동안 경험한 걸 바탕으로 집필한 책이다.

그 회사에서 근무할 때, 역량 개발 프로젝트에 대규모 자금을 투입하자는 제안에 대한 지지와 합의를 얻기 위해 해당 지역의 인사팀 고위 간부를 만난 적이 있었다. 그때 회사의 자금 사정이 좋지 않아서(뭐 언제는 좋았나?) 내 프로젝트가 예산안에서 제외될 가능성이 높은 상황이었다.

회의 전에 상사는 회의에서 사용할 내 슬라이드를 좀 보자고 했다. 나는 슬라이드를 따로 준비하지 않았다고 답했다. 그는 그 즉시 종이를 집어 들더니 슬라이드 기획안을 그리기 시작했다. 나는 단 두 사람이 참석하는 회의에 슬라이드가 굳이 필요하지 않을 것 같다고 말했다. 그 프로젝트는 내가 수개월에 걸쳐 공을 들인 일이었고, 나는 그 프로젝트와 관련된 모든 정보를 속속들이 알고 있었다.

그러나 그는 슬라이드가 필요하다는 의견을 굽히지 않았다. 우리는 슬라이드를 준비하기 위해 세 번이나 더 회의를 진행했다! 마지막 회의에서는 슬라이드 전체를 검토하며 프레젠테이션 연습을 했고, 내가 시연을 하는 동안 내 상사는 인사팀 간부 시늉을 했다. 정말 난감하기 짝이 없었다.

나는 실전에서 그 슬라이드를 한 장도 사용하지 않았다. 인사팀 간부와 진행한 회의에서는 화이트보드로 프로젝트를 설명했고, 몇 가지 질문에 답을 했으며, 프로그램을 개시하는 데 필요한 자금을 지원받았을 뿐 아니라 향후 그 프로그램을 다시 진행해도 된다는 승인까지 받아냈다. 거듭 강조하지만 나는 슬라이드는 단 한 장도 사용하지 않았으며, 회의를 모두 마치는 데 25분밖에 걸리지 않았다.

파워포인트는 구형 코닥 슬라이드와 프로젝터를 대체하기 위해 만들어졌다. 그건 아주 오래전에 발생한 사건이지만, 불행히도 회의 방식은 발전하지 못하고 여전히 그 시대에 머물러 있다.

늘 그렇게 해왔다는 이유만으로 우리가 얼마나 오래된 방식을
그대로 고수하고 있는지 생각해보라.

25분 회의에서 당신이 사용할 수 있는 슬라이드는
기껏해야 5장 정도다

대체로 회의 시간에는 파워포인트를 문서 작성 도구처럼 사용
한다. 보통 문서를 요약해서 슬라이드로 보여주지만, 텍스트와 강
조 표시가 넘쳐나서 슬라이드를 제대로 읽기가 어려울 때도 많다.

세계적인 프레젠테이션 전문가 낸시 두아르테Nancy Duarte는
회의에서 사용하는 슬라이드와 문서 작성 도구를 우리가 혼동하
고 있다고 말한다. 회의 시간에 화면에 띄우는 슬라이드는 문서
의 축소판이라는 인식이 있어야 한다.

내 조언도 듣고 싶은가? 25분 회의에서는 파워포인트를 아예
사용하지 말자. 1분 1초가 아까운 상황에서 파워포인트를 사용
하면 회의 초반에 기기를 설치하고 준비하느라 야단법석을 떠는
데 시간이 너무 많이 걸린다. 발표자가 슬라이드는 '회의의 일
부'라며 슬라이드 사용을 고집할 경우, 반드시 회의가 시작되기
전에 (나아가 회의실에 참석자들이 모이기 전에) 모든 준비를 마쳐
야 한다고 공지하자.

슬라이드에 담을 내용은 논의를 뒷받침해줄 이미지, 도표, 시각 자료로 한정돼야 한다. 슬라이드가 꼭 필요한 경우, 다음과 같은 사항을 반드시 확인하자.

- 회의 참석자들이 회의 전에 미리 검토할 수 있도록 사전에 슬라이드 파일 보내기
- 슬라이드 수를 3~5개로 제한하고, 핵심 요점은 슬라이드당 3개 이하로 정리하기
- 시각 자료, 그림, 도표 활용하기
- 글자 크기를 크게 설정하기
- 동영상 재생이나 애니메이션 효과 등은 꼭 필요한 경우에만 사용하기

사고를 전환하기

회의에 제대로 집중하지 못하고 다른 생각에 빠지기 가장 쉬운 순간이 언제인지 생각해보자. 아마 발표자가 지루하고 단조로운 목소리로 슬라이드 화면의 내용을 읊는 때일 것이다. 피곤한 날에는 어쩌면 졸음과 싸워야 할지도 모른다.

그럼 이번에는 당신이 회의에 가장 집중했던 순간을 떠올려보자. 그건 아마 발표자가 슬라이드 읽기를 멈추고, 관심을 끌 만한

다른 발표 도구를 사용했던 때일 것이다. 내 경험에 의하면 화이트보드에 무언가를 적거나 그리면서 내용을 전달할 때 회의 참석자들의 관심을 가장 빨리 끌어낼 수 있다. 슬라이드를 사용하지 않는 창의적이고 효과적인 회의를 찾고 있다면, 25분 회의가 적절한 해결책이 될 수 있을 것이다.

다음 회의에서 화이트보드를 사용해보자. 그림으로 문제를 제기하는 방식도 고려해보자. 예를 들어 다음 그림처럼 발생한 문제들을 x축과 y축에 적절히 배치하여, 네 가지 영역으로 나눈 내용을 함께 논의해보자.

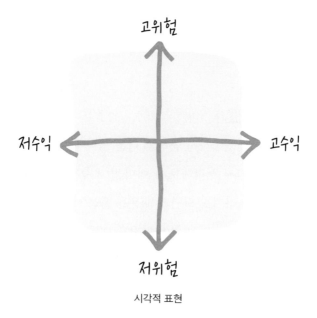

시각적 표현

발표자가 아닌 다른 참석자들도 자리에서 일어나 자기 아이디어를 화이트보드에 적거나 포스트잇에 써서 회의실 벽에 붙이도록 하자. 이는 개인의 생각을 외부로 이끌어내서 함께 확인할 수 있는 아주 훌륭한 방법이다. 이러한 회의를 진행하면 더 적극적으로 회의에 참여하는 분위기가 조성될 것이다.

도요타가 개발한 제조 공정 시스템인 린 생산Lean Manufacturing 방식에서는 수십 년 동안 시각화 경영 시스템을 활용해왔다. 도요타 직원들은 화이트보드를 세워두고 그 주위에 서서 회의를 진행한다. 그들은 불필요한 발언이나 시간 낭비를 최대한 피하고 가능한 한 많은 정보를 나누는 회의를 지향한다.

린 생산 방식의 목적은 제조 공정 과정에서 발생하는 불필요한 낭비의 원인을 제거하는 데 있다. 나는 그들의 분명한 시각이 마음에 든다. 이 책을 쓰게 된 결정적인 이유가 소모적인 회의 문화를 바로잡는 것이니 맥락이 비슷하지 않은가?

나는 도요타의 전략 회의실을 본 적이 있다. 프로젝트를 진행할 때 관련 시각 자료를 붙였다 뗐다 할 수 있는 회의 장비가 벽에 설치되어 있었다. 다음 프로젝트를 위해 시각 자료를 활용할 수 있는 회의 공간을 마련하여 그 공간에서 25분 회의를 실행해보는 건 어떨까?

적용 사례: 회의 내용을 한 장의 그림으로 정리해보기

60명이 넘는 대표들이 참석하는 회의를 3일 동안 지켜본 적이 있다. 그들은 파워포인트를 사용하지 않고 완벽한 전략을 세우는 데 성공했다. 슬라이드를 사용하지 않는 대신, 회의의 모든 내용을 '그래픽 레코더'가 기록했다. 그래픽 레코더는 회의에서 논의한 내용과 관련된 단어, 기호, 그림 등을 화이트보드나 벽에 직접 정리하는 사람이다. 회의 참석자들은 그가 정리한 내용을 통해 회의 진행 사항을 한눈에 파악할 수 있었다.

그 광경에 큰 영감을 받아서 나도 그래픽 레코딩을 시작하게 됐다. 회의나 컨퍼런스 토론 중에 내용을 그림으로 그려서 기록했으며 이 방법을 활용하여 수업을 진행하기도 했다.

그래픽 레코딩은 색다른 방식으로 회의 내용을 담아낼 수 있는 아주 매력적인 방법이다. 회의가 끝나기 직전이나 끝난 후에 참석자들은 핸드폰을 꺼내서 그래픽 레코더가 정리한 내용을 사진으로 찍는다. 짜잔! 이제 참석자 모두가 회의 내용과 합의 사항이 담긴 회의록을 갖게 된다.

그림을 그려야 한다고 해서 예술가가 될 필요는 없다. 25분 회의를 위해 반드시 그래픽 레코더가 돼야 하는 것도 아니다. 그래픽 레코딩은 회의실에서 사람들과 함께한 짧은 시간을 훨씬 더 가치 있게 만들어 줄 하나의 새로운 방법일 뿐이다.

그러나 일단 그래픽 레코더가 되기로 마음먹었다면, 여러 시각 언어를 알고 있는 게 도움이 될 수도 있다. 혹시 관심이 있다면 나의 다른 저서인《시각 언어 사전Visual Vocab》을 살펴보는 걸 추천한다. 회의 내용을 정리하는 데 도움이 될 단어 200개와 그림 800개를 그 책에서 확인할 수 있을 것이다.

무분별한 슬라이드 사용을 자제하자

25분 안에 많은 것을 보여주는 건 어려운 일이다. 시간이 촉박할 것 같다면 슬라이드를 사용하지 말자!

실천! 25분 회의

풍부한 시각 언어를 사용할 수 있도록 어휘력을 기르자. 회의 내용을 받아 적으며 연습하고 화이트보드에 회의 전체 내용을 기록할 기회를 만들어 보자! 다음 그림을 통해 간단하게 사용할 수 있는 몇 가지 시각 언어를 알아보자.

책	사람	종이	길
지식 학습	개인 인간	메모 계약서	전략 비전
깃발	건물	화이트보드	지구본
이정표 목표	조직 회사	프레젠테이션 교육	글로벌 세계
시계	구름	폭탄	컴퓨터
시간 계획	재해 위협	압박 함정	네트워크 접속

시각 언어의 예

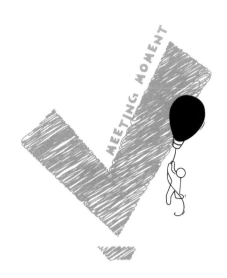

더 효과적인 의사소통을 위해 시각 언어를 사용하자

» 꼭 필요한 경우가 아니라면 파워포인트를 사용하지 말자. 혹
　시 사용하게 된다면 회의가 시작되기 전에 슬라이드 화면을
　미리 준비해두자.
» 화이트보드를 사용하자. 나아가 모든 참석자들이 자리에서
　일어나 자신의 생각을 화이트보드에 적도록 돕자.
» 직접 회의 내용을 정리하며 그래픽 레코딩을 연습하자.

25분 회의를 위한
길잡이

당신이 지금보다 더 효율적으로 회의를 실행할 수 있다는 메시지를 이 책에 담고자 했다. 모든 회의를 25분으로 줄일 수는 없더라도, 이 책에서 제시하는 원칙들을 적용하면 회의에서 낭비하고 있는 시간을 틀림없이 줄일 수 있을 것이다.

이 책을 읽고 앞으로 25분 회의를 하겠다는 결단을 내린다면 그것은 최고의 변화다. 하지만 당신이 쉴 새 없이 이어지는 60분 회의 대신 쉴 새 없이 이어지는 25분 회의를 실행하기로 계획한다면 그것은 최악의 변화다. 명심하라. 회의 시간을 줄이고 회의의 효율을 높이는 것이 우리의 목표다. 그러므로 사람들을 만나는 일 자체를 줄이고 업무에 더 많은 시간을 할애해야 한다.

다음 그림은 25분 회의를 실행하는 데 도움이 될 실천 단계다.

25분 회의의 실천 단계

다음은 회의를 진행할 때 중요한 핵심 내용을 정리한 것이다.

1. 다음 질문에 답하며 성공적인 회의로 향해보자.
   - 회의의 목적은 무엇인가?
   - 회의에 누가 참석해야 하는가?
   - 회의 결과를 위해 어떤 진행 절차를 따라야 하는가?

2. 명확한 회의 규칙을 세워서 회의를 제대로 시작할 준비가 되었다는 걸 알리자.
   - 참석자 전원에게 회의의 핵심 의제를 미리 전달하여 사전에 준비할 시간을 준다.
   - 회의 시작 시간을 명확히 하고 무슨 일이 있어도 정해진 시간에 회의를 시작한다.
   - 회의 중에는 전자 기기 사용을 금지하거나 제한한다.

3. 회의 참석자 전원이 회의에 적극적으로 참여하여 능력을 발휘할 수 있도록 한다.
   - 참여도를 높이기 위해 회의 초반에 다 함께 친밀감을 쌓는다.
   - 회의를 효율적으로 진행하기 위해 관찰, 집중, 실행 모

델을 사용한다.

- 회의 후 후속 조치에 대한 합의를 이루고 회의 결과를 기록한다.

25분 회의에 반대하는 사람들

25분 회의를 받아들이지 못하는 사람들도 분명 존재한다. 또한 이미 진행하고 있는 회의 방식에 편안함을 느끼는 사람들도 있을 것이다. 25분 회의를 추진하고자 할 때 저항하는 사람, 반항하는 사람, 고집 센 사람을 상대해야 할지도 모른다. 각 유형에 대해 자세히 알아보자.

저항하는 유형

어떤 종류의 변화든 저항이 따르기 마련이다. 조직(또는 삶)에서 벌어지는 변화에 사람들이 저항하는 데는 여러 이유가 있다. 대다수는 자신이 잘 알지 못하는 것에 대한 두려움과 개인적으로 손해를 입을 수도 있다는 걱정 때문에 저항감을 느낀다고 한다. 25분 회의를 진행하자고 제안하는 경우, 이 회의법이 익숙하지 않다는 이유만으로 반대에 직면할 수 있다. '팀 회의를 하려면 25분 이상이 필요하다!'고 직접적으로 표현하는 능동적 저항과 회의가 끝나기 2분 전까지 기다렸다가 반드시 논의가 필요한 폭탄 발언을 던지는 수동적 저항으로 저항의 종류는 나눠볼 수 있다.

반항하는 유형

반항하는 사람들은 우리의 친구가 될 수도 있고 적이 될 수도 있다. 25분 회의법 자체를 기존 제도에 대한 반항 행위로 볼 가능성도 있기 때문이다. 선천적으로 몸에 반항의 피가 흐르는 이들은 25분 회의법을 지지할지도 모른다. 그들은 규범처럼 보이는 모든 것에 맞서기를 좋아하는 이들이다.

반항을 시도하는 또 다른 사람들은 규칙에 따라 회의를 진행하는 것을 거부할 수도 있고, 정해진 회의 시간이나 체계적인 회의 구조에 저항할 수도 있다. 그들은 회의 막바지에 도전적인 질문을 던지거나 이미 합의를 이룬 사안에 갑자기 반대 의견을 낸다는 점에서 수동적으로 저항하는 이들과 유사하다.

고집 센 유형

고집 센 사람들은 경험이 풍부하여 어떤 실험적인 아이디어를 접해도 '전에 다 봤던 것'으로 정의 내리는 경향이 있다. 보통 그들은 새로운 것을 받아들이기를 꺼리며 그것을 인정하기까지 아주 오랜 시간이 걸린다. 25분 회의가 어째서 제대로 기능할 수 없는지에 대한 모든 이유를 당신에게 일일이 설명하려 들 것이고, 25분 회의에 어쩔 수 없이 참여한다는 티를 낼 것이다.

반대 세력을 극복하는 방법

다음과 같은 방법으로 25분 회의에 반대하는 사람들을 해결할 수 있다.

- 반대에 부딪혀서 60분 회의를 지속하게 되더라도 회의를 일찍 끝내는 데 도움이 될 25분 회의의 기술들을 사용한다.
- 팀원들과 25분 회의를 체험하고 결과에 대한 피드백을 나누는 시간을 가져서 그들의 저항감을 줄인다.
- 처음에는 일대일 회의와 같이 위험이나 충격이 적은 회의를 골라 선택적으로 시도한다.
- 25분 회의 사이사이에 짧은 휴식이 있을 경우 회의 시간 연장이 가능하도록 한다.
- 실패에 굴하지 않고 계속해서 도전한다. 한두 번 시도하고서 포기하지 않는다. 세상의 다른 모든 도전과 마찬가지로 25분 회의에도 연습이 필요하다!

생산적이고 효과적인 25분 회의의 장점을 인지하게 된다면, 모든 사람이 기꺼이 이 혁신적인 회의법에 동참할 것이다.

혹시 당신의 조직이 직접 나서서 회의 문화를 바로잡고, 25분 회의를 지지하고, 25분 회의법을 도입하기까지 기다리고자 하는가? 그렇다면 아주 오랜 시간을 견뎌야 할 것이다!

직접 회의를 기획하고 주관할 수 있다면, 직속 부하 직원과의 일대일 회의나 소규모 회의 등 당신이 통제할 수 있는 회의에 25분 회의법을 적용하여 사람들에게 소개해보라. 당신과 회의 참석자들은 시간을 절약할 수 있을 것이며, 보다 생산적으로 근무하게 될 것이다. 또한 당신을 통해 시간을 절약하게 된 사람들은 대단히 고맙게 여길 것이다.

25분 회의는 당신의 삶을 반드시 변화시킬 것이다

나가며

《25분 회의》를 끝까지 읽어 줘서 고맙다! 나는 정신없이 바쁜 당신의 일상을 조금이나마 여유롭게 만들어 주고 싶어서 이 책을 썼다. 어떤가? 삶이 좀 여유로워졌는가?

《25분 회의》의 간단한 실천 방안들을 당신이 어떻게 실행하고 있는지 알고 싶다. 25분 회의와 관련된 성공 사례, 아이디어, 조언을 공유할 수 있는 25분 회의 페이스북 페이지 www.facebook.com/the25minutemeeting에서 대화에 동참해주기 바란다.

더 효과적인 25분 회의를 실행하고 싶다면, 무료 템플릿, 팁, 기타 도움이 될 만한 여러 도구가 마련되어 있는 www.the25minutemeeting.com에 방문해보기를 바란다. 당신이 25분 회의를 어떻게 실천하고 있는지 내게 쪽지를 남겨도 좋다.

나는 리더들이 직장에서 제대로 일할 수 있도록 돕고 있다. 당신이나 당신의 팀이 업무를 진행하는 데 내 도움이 필요하다고 느끼면 언제든 연락하기 바란다.

참고문헌

서론

Glass Door Salaries, https://www.glassdoor.com.au/Salaries/index.htmw.

Michael Mankings, Chris Brahm, Creg Caimi, (2014). 'Your scarcest resource', *Harvard Business Review.*

HBR, (2016). 'Estimate the cost of a meeting with this calculator', *Harvard Business Review.*

1장

Jen Howard, (2016). 'Clarizen survey: Workers consider status meetings a productivity-killing waste of time', Press Release, Clarizon.

Leslie A. Perlow, Constance Noonan Hadley, Eunice Eun, (2017). 'Stop the meeting madness', *Harvard Business Review*.

3장

Frederick W. Taylor, (1911). *The Principles of Scientific Management*, Harper & Brothers Publishers.

Francesco Cirillo, (2013). *The Pomodoro Technique*, 3rd edition, FC Garage GmbH.

Lisa Evans, (2014). 'The exact amount of time you should work every day', *Fast Company*.

Cyril Northcote Parkinson, (1958). *Parkinson's Law: The Pursuit of Progress*, John Murray.

Dan Ariely, Klause Wertenbroch, (2002). 'Procrastination, deadlines, and performance: Self-control by precommitment', *Journal of the Association for Psychological Science*, vol. 13, iss. 3.

4장

Maximilien Ringelmann, (1913). 'Research on animate sources of power:

The work of man', *Annales de l'Institut National Agronomique*, 2nd series, vol. 12, pp. 1–40.

Vivian Giang, (2013). 'The "Two Pizza Rule" is Jeff Bezos' secret to productive meetings', *Business Insider*.

Harrison Owen, (2008). *Open Space: A User's Guide*, 3rd edition, Berrett-Koehler Publishers.

Dann Buettner, (2012). 'Are extroverts happier than introverts?: Insight into differences between two personality types', *Psychology Today*.

5장

Nancy K. Napier Ph.D., (2014). 'The myth of multitasking', *Psychology Today*.

Allen Bluedorn, Daniel Turban, Mary Sue Love, (1999). 'The effects of stand-up and sit-down meeting formats on meeting outcomes', *Journal of Applied Psychology*, vol. 84, no. 2, pp. 277–85.

David Rock, (2009). 'A hunger for certainty', *Psychology Today*.

Charles Duhigg, (2014). *The Power of Habit*, Random House.

Patrick Nelson, (2016). 'We touch our phones 2,617 times a day', Network

World.

Susan Weinschenk Ph.D., (2012). 'The true cost of multi-tasking',
Psychology Today.

6장

Abby Jackson, (2017). 'Elon Musk has reportedly used a brutal tactic to
keep from wasting time in meetings', *Business Insider.*

Lawrence Lasker, Walter F. Parkes (writers), (1983). *War Games*, United
Artists.

Anne-Laure Sellier, Fred H. Siller, (2011). 'Focus! Creative success is
enjoyed through restricted choice', *Journal of Marketing Research*, vol.
48, iss. 6.

George Armitage Miller, (1956). 'The magical number seven, plus or minus
two', *Psychological Review.*

Stijn, (2017). 'How to get things done in meetings', Rocket Meetings blog.

7장

Jenna Goudreau, (2013). 'Back to the stone age? New Yahoo CEO Marissa

Mayer bans working from home', *Forbes*.

Allen Bluedoen, Daniel Turban and Mary Sue Love, (1999). 'The Effects of Stand-Up and Sit-Down Meetings on Meeting Outcomes', *Journal of Applied Psychology*, vol. 84, no. 2, pp. 277–85.

Bernardino Ramazzini, (1700). 'De morbis artificum diatribe [Diseases of workers]', cited in *American Journal of Public Health* (2001).

Honor Whiteman, (2018). 'Now too much standing is bad for us, says study', *Medical News Today*.

Peter Economy, (2015). 'Powerful reasons to take your next meeting for a walk', Inc.com.

Russell Clayton, Christopher Thomas, Jack Smothers, (2015). 'How to do walking meetings right', *Harvard Business Review*.

9장

Jon Puleston. 'The science of visuals', Lightspeed, www.lightspeedresearch.com/science-visuals.

Richard Mayer, (2009). *Multimedia Learning*, 2nd edition, Cambridge University Press.

Donna McGeorge, (2013). *The Pen Is Mightier than the Slide.*

Nancy Duarte, (2016). 'SlideDocs', www.duarte.com/slidedocs.

'What is Lean?', (2017). www.leanproduction.com.

Donna McGeorge, (2016). *Visual Vocab: 200 words, 800 pictures.*

옮긴이 **이정미**

호주 시드니대학교에서 금융과 경영정보시스템을 복수 전공했다. 읽고 쓰기를 좋아해 늘 책을
곁에 두고 살다가 글밥아카데미 영어 출판번역 과정 수료 후 바른번역 소속 번역가로 활동하고
있다. 글 쓰는 번역가가 되는 게 꿈이며 한국 독자에게 영어로 쓰인 이야기를 친절하게 전달하는
번역가가 되고자 한다.

25분 회의
간결하고 효과적인 회의의 힘

초판 1쇄 발행 2020년 2월 25일

지은이 도나 맥조지
옮긴이 이정미
펴낸이 성의현
펴낸곳 미래의창

편집주간 김성옥
편집부장 박정철
책임편집 조은서
표지 디자인 공미향
마케팅 연상희·황현욱·김지훈·이보경

등록 제10-1962호(2000년 5월 3일)
주소 서울시 마포구 잔다리로 62-1 미래의창빌딩(서교동 376-15, 5층)
전화 02-338-5175 팩스 02-338-5140
ISBN 978-89-5989-634-9 03320

미래의창은 여러분의 소중한 원고를 기다리고 있습니다. 원고 투고는 미래의창 블로그와 이메일을
이용해주세요. 책을 통해 여러분의 소중한 생각을 많은 사람들과 나누시기 바랍니다.
블로그 miraebookjoa.blog.me 이메일 mbookjoa@naver.com